The national flags & emblems & flowers of the world

세계의 국기 국장 국화
대백과

지도연구소 엮음

유엔 가맹국과 신생 독립 국가, 각 나라의 해외 영토, 속령 포함 총 210개 국가의 국기와 국화, 국장 수록

교육의 길잡이·학생의 동반자
(주)교학사

일정한 형식을 통하여 한 나라의 역사, 국민성, 이상 등을 상징하도록 정한 각양각색의 국기. 그 아름다움과 독창성에 매료된 경험은 누구에게나 있을 것입니다. 해외에는 국기와 국장의 디자인, 유래, 역사를 연구하는 「기장」이라는 연구 영역이 있으며, 현재 40개국에 50여 개의 연구 단체가 있습니다.

이 책에서 채택한 국장은 우리에게는 다소 생소한 것도 있지만, 국기와 마찬가지로 한 나라를 나타내는 공식적인 상징으로, 대사관 등 재외 공관, 공식 문서, 각국의 화폐, 여권의 표지 등 국가를 대표하는 중요한 곳에 쓰이고 있습니다. 국기보다 복잡한 디자인이 많으며, 그 국가에 대해서 보다 많은 것을 표현하고 있습니다. 유럽과 미국 국장의 대부분은 서양 문장학의 전통에 따라 만들어져 있습니다. 또한 국장 자체, 혹은 국장의 색과 주요 요소가 국기에 사용되고 있는 경우도 많으며, 국기와 국장은 매우 밀접한 관계가 있습니다. 국장을 설명할 때의 요점은 디자인, 유래, 제정 연월일 세 가지입니다. 이 책에서는 색을 포함해 디자인과 유래를 각국 관련 법규와 각국 연구원으로부터 얻은 정보를 토대로 가능한 한 정확히 표현하고자 했습니다.

국기를 제작하는 데 국제 규격은 따로 없으며, 국기는 각국 정부가 독자적으로 결정합니다. 따라서 자국의 국기를 가장 아름답게 보이도록 하기 위해 가로세로 비율을 정하고 있습니다. 이 책은 국기, 국장의 제정 연월일(채택일, 최신 디자인 수정 포함), 채택 개시일(최초 게양일 포함), 부활일(옛 국기나 국장이 다시 국기나 국장이 된 날)을 실어, 국기와 국장의 역사를 파악하고 변경 시기를 정확히 알 수 있도록 구성하였습니다.

이 책은 197개국의 국기, 국장을 대륙별로 상세히 다루었으며, 국제 올림픽 위원회에 가입되어 있는 13개 지역의 기도 다루었습니다. 국기와 국장에 담긴 의미와 유래를 아는 것은 나라 사랑의 밑거름이 될 것입니다.

2020. 6.

이 책의 특징

세계 모든 독립국은 물론 기타 주요 지역 소개

2020년 현재 193개 유엔(UN) 가맹국을 비롯한 독립국, 자치 지역, 속령을 포함한 세계 210개 나라의 국기와 확인된 나라꽃을 소개하였습니다. 국명은 통칭 국명과 정식 국명을 영문 표기와 함께 찾아보기 쉽게 우리말 가나다순으로 실었습니다. 각 나라의 해외 영토, 자치 지역 등 특수 지역은 뒤쪽에 별도로 실어 설명하였습니다.

선명한 국기 도판과 생생한 컬러 나라꽃 사진 수록

각 나라 국기는 실제 가로세로 비율을 지켜 실었으며, 나라꽃은 식물명, 영명, 꽃말 등 기본적인 사항을 정리하였습니다.

세계 여러 나라의 주요 도시, 자연환경, 생활 모습 사진 소개

나라꽃이 지정되지 않았거나 확인되지 않은 나라는 그 나라를 상징하거나 대표하는 사진을 실어 나라에 대한 이해와 관심을 가지고 학습할 수 있도록 하였습니다.

세계 각 나라의 국기의 특색, 여러 가지 정보를 자세하게 수록

각 나라별 정보는 그 나라의 국기 형태, 뜻, 유래 및 나라의 특징, 산업을 설명하고, 수도, 면적, 인구 등 기본적인 사항을 요약, 정리하여 국제적 이해를 높이는 데 도움이 되도록 하였습니다. 각 나라마다 우리나라와의 정식 국교 수교일, 국기 채택일, 국장 채택일, 국제 연합 가입일 등을 소개하였습니다.

세계 각 나라의 위치 관계를 알 수 있는 지역 지도 수록

모든 나라에 지역 지도와 대륙 지도를 넣어 그 나라의 위치나 인접 국가와의 접경 관계를 알 수 있도록 하였습니다.

국기에 대한 이해와 학습에 도움이 되는 자료

책 앞머리에는 대륙별 지도와 현황을 실어 지리적 이해를 돕고, 국기에 대한 이해와 상식을 실어 각 나라의 국기에 대한 학습에 도움이 되도록 하였으며, 꽃에 대한 정보와 상식을 곁들여 재미를 더했습니다. 각 나라의 이름은 외교부 국가 정보 자료를 기초로 하여 국립국어원 국가명 표기를 따랐으며, 각 나라의 통계 자료는 외교부 「세계 각국 편람」, 유엔(UN) 「Demographic Yearbook」, 세계은행(World Bank)의 통계, 한국수출입은행 「세계 국가 편람」 등의 최신 자료를 참고하였습니다.

차례

북아메리카

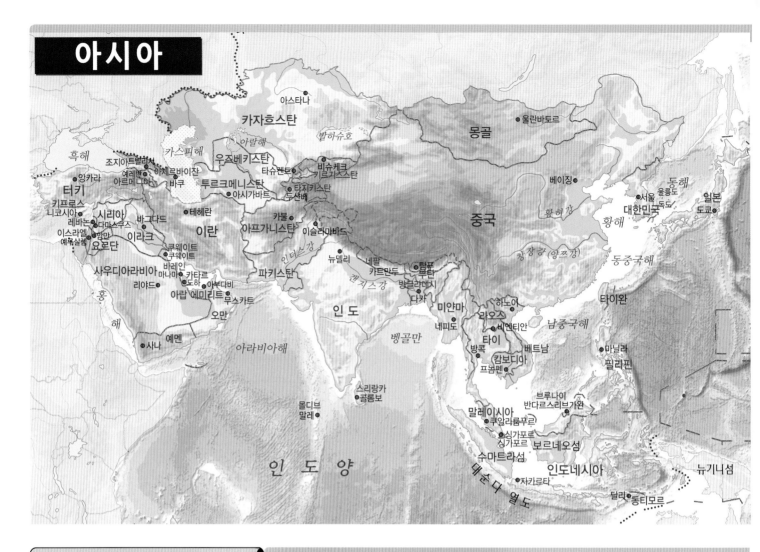

아시아

아스타나
카자흐스탄
발하슈호
몽골
울란바토르
흑해
조지아트빌리시
아제르바이잔
예레반
아르메니아
바쿠
카스피해
아랄해
우즈베키스탄
타슈켄트
비슈케크
키르기스스탄
베이징
동해
잉카라
터키
아시가바트
타지키스탄
두산베
중국
서울
울릉도 독도
일본
도쿄
키프로스
니코시아
레바논
시리아
다마스쿠스
이스라엘
암만
예루살렘
요르단
바그다드
이라크
테헤란
이란
카불
아프가니스탄
이슬라마바드
인더스강
파키스탄
황허강
대한민국
황해
동중국해
창장강(양쯔강)
쿠웨이트
쿠웨이트
바레인
마나마 카타르
도하 아부다비
아랍 에미리트 무스카트
사우디아라비아
리야드
뉴델리
네팔
카트만두
부탄
팀푸
방글라데시
다카
갠지스강
미얀마
하노이
라오스
타이완
오만
홍
해
예멘
사나
인
도
네피도
비엔티안
타이
방콕
캄보디아
프놈펜
베트남
남중국해
마닐라
필리핀
아라비아해
벵골만
스리랑카
콜롬보
몰디브
말레
브루나이
반다르스리브가완
말레이시아
쿠알라룸푸르
싱가포르
싱가포르 보르네오섬
수마트라섬
인도네시아
자카르타
뉴기니섬
인 도 양
대 순 다 열 도
딜리 동티모르

대한민국
Republic of Korea

나라꽃: 무궁화(근화)
과명: 아욱과
영명: Rose of Sharon
꽃말: 일편단심, 한뜻, 섬세한 미

국장 제정일: 1963년 12월 10일
국화인 무궁화를 사용하고 중앙에 태극을 배치
했다. 무궁화는 민족 생명의 영원한 강인함을
나타낸다. 아래쪽에 국명이 쓰여 있다.

국기 제정 연도: 1883년

태극기라고 불리며, 흰색 바탕의 한가운데 빨간
색 양(陽)과 파란색 음(陰)의 태극을 두고, 사방
대각선 위에 검은색 사괘(四卦)를 둔다. 사괘의
위치는 건(乾)을 왼쪽 위, 곤(坤)을 오른쪽 아래,
감(坎)을 오른쪽 위, 이(離)를 왼쪽 아래로 한다.
조선 고종 19년(1882)에 일본에 수신사로 간 박
영효가 처음 사용하고, 고종 20년(1883)에 정식
으로 국기로 채택·공포되었다. 1949년 10월 15
일에 문교부 고시로 현재의 형태로 확정되었다.

- 면적: 10.0만 km²
- 인구: 5,180만 명
- 수도: 서울
- 통화 단위: 원
- 주요 언어: 한국어
- 민족: 한민족
- 주요 종교: 불교, 크리스트교
- 성립·독립 연월일: 1945. 8. 15.
- 1인당 GDP: 31,431달러
- 국제 연합 가입 연월: 1991. 9.

네팔
Federal Democratic Republic of Nepal

나라꽃: 붉은만병초
과명: 진달랫과
영명: Lali Guras
꽃말: 사랑의 즐거움

국장 제정일: 2006년 12월 17일

2006년 정변에 의해, 새 국장은 국화인 붉은만병초 화환으로 둘러싼 원형 문장으로, 윗부분에 국기, 중앙에 에베레스트산, 작은 산, 흰색 네팔 지도, 남녀의 동등한 권리를 나타내는 악수, 그리고 아랫부분에 산스크리트어로 「조국은 천국보다 낫다」는 표어 리본을 배치한 것이다.

국기 제정일: 1962년 12월 16일

2008년에 오랫동안 계속된 입헌 군주 제도가 폐지되고 네팔에서 네팔 연방 민주 공화국으로 이름이 바뀌었다. 히말라야 산기슭에 있는 힌두교도국으로, 삼각형을 두 개 합한, 세계에서 진기한 형태의 국기를 사용하고 있다. 태양과 달은 예로부터의 상징으로 네팔의 장식 미술품에서도 자주 눈에 띄며, 국가의 오랜 기간에 걸친 번영을 나타낸다. 2개의 삼각형은 높이 우뚝 솟은 히말라야산맥, 파랑은 평화와 조화, 빨강은 용기를 나타낸다.

- 면적: 14.7만 ㎢
- 인구: 2,850만 명
- 수도: 카트만두
- 통화 단위: 네팔 루피
- 주요 언어: 네팔어
- 민족: 아리안족, 티베트 · 몽골족, 기타 소수 민족
- 주요 종교: 힌두교
- 성립 · 독립 연월일: 1768년 12. 21.
- 1인당 GDP: 1,048달러
- 국제 연합 가입 연월: 1955. 12.
- 대한민국과 국교 수교일: 1974. 5. 15.

동티모르
Timor-Leste

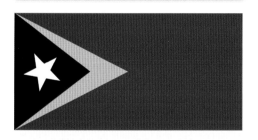

동티모르 딜리의 크리스토 레이 동상

국장 제정일: 2007년 1월 18일

2007년에 인장 형태의 국장으로 바뀌고, 가운데 방패가 지금까지의 것을 180도 회전시킨 형으로, 국기 색인 빨강, 노랑, 검정으로 구성되어 있다. 방패 가운데에는 흰 별, 검, 화살, 자동 소총, 펼쳐 있는 책에는 옥수수와 벼가 배치되고, 포르투갈어로 「통일, 행동, 진보」라고 쓰여 있다. 원둘레에는 흰 바탕에 빨간색 글자로 국명과 약호가 쓰여 있다.

국기 제정일: 2002년 3월 22일

긴 독립 투쟁 끝에, 2002년 5월 20일에 인도네시아로부터 티모르섬 동부가 독립하였다. 이것은 1975년 독립 선언을 했을 때 채택한 국기를 수정한 것인데, 검은 삼각형은 극복해야 할 어려움, 그 바깥쪽의 노란색은 식민지주의의 흔적, 빨강은 독립 투쟁, 흰 별은 평화를 나타낸다.

- 면적: 1.5만 ㎢
- 인구: 130만 명
- 수도: 딜리
- 통화 단위: 달러
- 주요 언어: 포르투갈어, 테툼어
- 민족: 테툼족, 말레이족, 파푸아족 등
- 주요 종교: 크리스트교(가톨릭)
- 성립 · 독립 연월일: 2002. 5. 20.
- 1인당 GDP: 2,263달러
- 국제 연합 가입 연월: 2002. 9.
- 대한민국과 국교 수교일: 2002. 5. 20.

라오스
Lao People's Democratic Republic

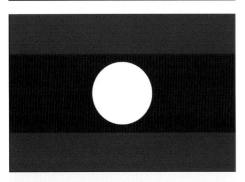

국기 제정일: 1975년 12월 2일

빨강은 자유와 독립을 쟁취하면서 흘린 피, 파랑은 국가의 번영과 메콩강, 흰색 원은 메콩강 위에 떠오르는 보름달로 행운과 국민의 단결을 나타낸다. 이 기는 원래는 파테트 라오(라오스 애국 전선)에 의해 1950년에 만들어진 기인데, 1953년에 독립하고 국왕 시대를 거쳐 1975년에 파테트라오가 정권을 잡고 정식으로 국기가 되었다.

나라꽃: 플루메리아(참파)
과명: 협죽도과
영명: Frangipani
꽃말: 희생, 존경, 축복받은 사람

- 위치: 인도차이나반도 중앙 내륙
- 면적: 23.7만 ㎢
- 인구: 720만 명
- 수도: 비엔티안
- 통화 단위: 키프
- 주요 언어: 라오스어
- 민족: 라오룸족, 라오퉁족, 라오숭족 및 소수 민족
- 주요 종교: 불교
- 성립 · 독립 연월일: 1945. 10. 22.
- 1인당 GDP: 2,670달러
- 국제 연합 가입 연월: 1955. 12.
- 대한민국과 국교 수교일: 1995. 10. 25.

국장 제정일: 1991년 8월 14일

비엔티안의 파탓루앙 불탑, 일출, 삼림, 남굼댐, 톱니바퀴, 좌우에 벼 이삭 화환, 아랫부분에 라오어로 국명과, 왼쪽에 「평화, 독립, 민주주의」, 오른쪽에 「통일, 번영」이라고 쓰여 있는 표어 리본을 배치한 것이다.

레바논
Republic of Lebanon

국기 제정일: 1943년 12월 7일

성서에 나오는 「레바논 삼나무」가 이 나라의 상징이며, 부와 힘을 나타낸다. 제1차 세계 대전 중에 프랑스와 함께 싸운 레바논 군단 기에 이 레바논 삼나무가 등장했다. 빨강은 희생정신과 용기, 하양은 평화와 순수함을 나타낸다.

나라꽃: 레바논삼나무
과명: 소나뭇과
영명: Cedar of Lebanon
꽃말: 인내, 장엄

- 위치: 중동 지역, 시리아, 이스라엘 접경
- 면적: 1만 ㎢
- 인구: 610만 명
- 수도: 베이루트
- 통화 단위: 레바논 파운드
- 주요 언어: 아랍어, 영어, 프랑스어
- 민족: 아랍족, 아르메니아인
- 주요 종교: 이슬람교, 크리스트교
- 성립 · 독립 연월일: 1943. 11. 22.
- 1인당 GDP: 9,655달러
- 국제 연합 가입 연월: 1945. 10.
- 대한민국과 국교 수교일: 1981. 2. 12.

국장 제정일: 1943년 12월 7일

빨간색 방패의 중앙에 레바논삼나무를 그린 흰색의 사선 줄무늬를 배치한 것이다. 성서에 나오는 레바논 삼나무는 고대 이스라엘 왕 솔로몬이 신전에, 또한 페니키아인이 배 만드는 데에 사용했다고 한다.

말레이시아
Malaysia

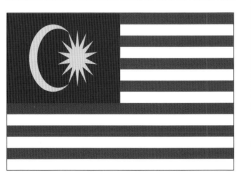

나라꽃: 중국 히비스커스
과명: 아욱과
영명: Chinese Hibiscus
꽃말: 당신을 믿습니다.

국장 제정일: 1988년 9월 16일
방패에 5개의 토후국을 나타내는 5개의 단검, 8주를 나타내는 4색 줄무늬, 야자나무에 물결, 독수리, 방패형 문장, 국화인 하이비스커스, 윗부분 장식에 이슬람교의 상징인 별과 초승달, 아랫부분에 아랍어로 "Bersekutu Bertambah Mutu(단결은 힘이다)" 라고 쓰여 있는 표어 리본, 방패를 지지하는 방패잡이에 말레이호랑이를 배치하였다.

국기 제정일: 1963년 9월 16일
1957년에 말라야 연방으로 독립하고, 1963년에 말레이시아를 결성했다. 국기의 빨강과 하양은 말레이시아를 비롯해 동남아시아에서 익숙한 색이며, 파랑은 국가의 통일을 나타낸다. 노랑은 왕실의 색이며, 초승달과 별은 이슬람교를 나타내고, 별 14가닥의 광선과 빨간색과 흰색 줄무늬는 연방을 구성하는 13주와 수도 지구를 나타낸다.

- 위 치 : 말레이반도 및 보루네오섬 북부
- 면적: 33.0만 km²
- 인구: 3,280만 명
- 수도: 쿠알라룸푸르
- 통화 단위: 링깃
- 주요 언어: 말레이어, 영어, 중국어, 타밀어
- 민족: 말레이계, 중국계, 인도계
- 주요 종교: 이슬람교, 불교
- 성립 · 독립 연월일: 1957. 8. 31.
- 1인당 GDP: 11,137달러
- 국제 연합 가입 연월: 1957. 9.
- 대한민국과 국교 수교일: 1960. 2. 23.

몰디브
Republic of Maldives

나라꽃: 장미(분홍)
과명: 장미과
영명: Pink Rose
꽃말: 사랑, 애정, 행복한 사랑

국장 제정 연도: 1965년
중앙에 이슬람교의 상징인 별과 초승달, 뒤에 대표적인 수출품인 야자나무, 아랫부분에 디베히어로 16세기에 사용된 국명인 몰디브국이라고 쓴 리본, 좌우에 국기를 배치하였다.

국기 제정일: 1965년 7월 26일
이 나라를 포함해 인도양에 면해 있는 많은 이슬람 국가들은 예전에는 무늬가 없는 빨간색 기를 사용했지만, 20세기 초에 흰 초승달을 그린 초록색 직사각형을 추가하고, 흑백 사선 줄무늬를 깃대 쪽에 그린 기를 채택했다. 이 사선 줄무늬는 1965년의 독립 때에 제거되었다. 흰 초승달은 이슬람교, 초록은 평화와 번영, 빨강은 자유를 위해 흘린 피를 나타낸다.

- 위치 : 스리랑카 서남방 670km 인도양 해상군도
- 면적: 298 km²
- 인구: 37.2만 명
- 수도: 말레
- 통화 단위: 루피야
- 주요 언어: 몰디비안 디베히어
- 민족: 싱할라계, 드라비다계, 아랍 및 아프리카계
- 주요 종교: 이슬람교(수니파)
- 성립 · 독립 연월일: 1965. 7. 26.
- 1인당 GDP: 15,563달러
- 국제 연합 가입 연월: 1965. 9.
- 대한민국과 국교 수교일: 1967. 11. 30.

몽골
Mongolia

국기 제정일: 1992년 1월 12일
1921년에 독립했다. 빨강은 진보와 번영, 노랑은 영원한 우정, 파랑은 몽골의 전통적인 색으로 몽골 국민을 나타낸다. 왼쪽의 문장은 소욤보라고 하는 국가의 번영을 나타내는 불꽃, 우주와 영원을 나타내는 태양과 초승달, 적을 쓰러뜨리는 화살과 창을 나타내는 2개의 삼각형, 전진과 정직함, 국가 방위를 나타내는 4개의 직사각형, 음양을 나타내는 색으로 구성되어 있다.

나라꽃: 연꽃
과명: 수련과
영명: Lotus
꽃말: 순결, 청정

- 위 치 : 중앙아시아 고원 지대 북방
- 면적: 156.4만 ㎢
- 인구: 330만 명
- 수도: 울란바토르
- 통화 단위: 투그릭
- 주요 언어: 할흐 몽골어
- 민족: 몽골족, 카자흐족, 브리야트족 등 17개 부족
- 주요 종교: 라마교
- 성립 · 독립 연월일: 1921. 7. 11.
- 1인당 GDP: 4,133달러
- 국제 연합 가입 연월: 1961. 10.
- 대한민국과 국교 수교일: 1990. 3. 26.

국장 제정일: 1992년 1월 15일
Tumen Nasan이라고 하는 연속 모양으로 그린 바깥 테두리와 흰 연화좌의 가운데에는 황금 소욤보와 말이 있는데, 독립, 주권, 민족의 정신을 나타내는 것이다. 배경은 신성한 푸른 하늘의 색, 윗부분에는 과거, 현재, 미래를 나타내는 불교의 3가지 보석이 있고, 아랫부분의 법륜과 스카프는 영구적인 번영을 의미하며, 배경은 어머니인 대지의 산맥을 디자인하여 배치한 것이다.

미얀마
Republic of the Union of Myanmar

국기 제정일: 2010년 10월 21일
1974년부터 사용되어 온 왼쪽 상단의 파란색 바탕에 흰색 톱니바퀴와 벼 이삭을 그린 빨간색 기를 폐지하고, 중앙에 영속적인 연방을 나타내는 흰 별을 넣은 노랑, 초록, 빨강의 삼색기로 바꾸었다. 노랑은 단결, 초록은 평화와 안락함, 빨강은 용기와 결의를 나타낸다. 1989년 국명인 버마를 버마어 호칭인 미얀마로 바꾸었다.

나라꽃: 사라수
과명: 이엽시과
영명: Shala Tree
꽃말: 부부의 사랑, 결혼

- 위 치: 인도차이나반도 서북부
- 면적: 67.7만 ㎢
- 인구: 5,300만 명
- 수도: 네피도
- 통화 단위: 차트
- 주요 언어: 미얀마어, 영어, 중국어, 태국어
- 민족: 버마족, 소수 민족
- 주요 종교: 불교
- 성립 · 독립 연월일: 1948. 1. 4.
- 1인당 GDP: 1,245달러
- 국제 연합 가입 연월: 1948. 4.
- 대한민국과 국교 수교일: 1975. 5. 16.

국장 제정일: 2010년 10월 21일
2010년에 국장도 수정되어, 중앙에 있던 톱니바퀴가 제거되었다. 중앙에 빨간색 바탕에 미얀마 전 국토의 지도와 벼 이삭 화환, 윗부분에 오각별, 아랫부분에 국명을 쓴 리본, 방패잡이에 지혜와 용기를 나타내는 신화상의 동물인 미얀마 사자를 배치하였다.

바레인
Kingdom of Bahrain

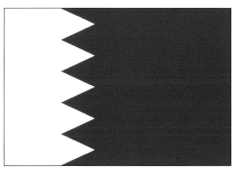

바레인의 수도 마나마

국장 제정일: 2002년 2월 16일

수장의 정치 고문이었던 영국인에 의해 고안되었다. 국기 디자인을 방패에 넣고, 빨간색과 흰색 장식을 주위에 배치하였다. 2002년 국기의 변경에 따라 흰색 톱니 모양이 2개에서 5개로 되었다.

국기 제정일: 2002년 2월 16일

19세기 초부터 많은 걸프만 토후국에서 평화와 전투를 상징하는 흰색과 빨간색으로 된 기가 사용되어 왔는데, 이 국기의 원형도 19세기에 만들어졌다. 흰색과 빨간색의 8개 톱니 모양은 1933년에 고안되어 1972년에 국기로 제정되었지만, 2002년 2월에 통치 형태를 입헌 왕국으로 변경했을 때 왕실령 제4호에 따라 이슬람교의 오행에 근거하여 5개의 톱니 모양으로 바뀌었다. 하양은 순수함과 기품, 빨강은 자유를 나타낸다.

- 위 치: 걸프만 중앙에 위치한 섬나라
- 면적: 760㎢
- 인구: 150만 명
- 수도: 마나마
- 통화 단위: 바레인 디나르
- 주요 언어: 아랍어, 영어
- 민족: 아랍족
- 주요 종교: 이슬람교(시아파, 수니파)
- 성립 · 독립 연월일: 1971. 8. 15.
- 1인당 GNI: 25,273달러(2019)
- 국제 연합 가입 연월: 1971. 9.
- 대한민국과 국교 수교일: 1976. 4. 17.

방글라데시
People's Republic of Bangladesh

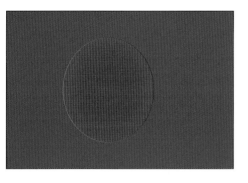

나라꽃: 수련
과명: 수련과
영명: Water Lily
꽃말: 청순한 마음

국장 제정일: 1972년 2월 28일

인장 형태의 국장 중앙에 나라에 있는 많은 강을 나타내는 국화인 수련, 양쪽에 농업국을 나타내는 벼의 이삭, 윗부분에 황마의 잎과 민족주의를 나타내는 4개의 별을 배치하였다.

국기 제정일: 1972년 1월 13일

1947년, 영국령 인도에서 파키스탄이 분리 독립하고, 동파키스탄주가 되었지만, 1971년 방글라데시로 분리 독립했다. 당초에는 이슬람교를 상징하는 초록색 기의 중앙에서 깃대 쪽 가까이에, 싸우다 흘린 피를 나타내는 빨간색 원, 그 가운데에 금색 방글라데시 지도를 넣었지만, 1972년 지도가 제거되었다. 또한 빨간색 원은 어두운 파키스탄 지배 시대에 종지부를 찍고 독립일의 새벽에 떠오르는 태양을 나타낸다. 초록색은 국가의 젊음과 활력을 나타낸다.

- 위 치 : 인도, 미얀마와 접경
- 면적: 14.8만 ㎢
- 인구: 1억 7,000만 명
- 수도: 다카
- 통화 단위: 다카
- 주요 언어: 벵골어, 힌두어, 영어
- 민족: 벵갈인, 비하리족, 차크마족, 아랍인, 파탄족
- 주요 종교: 이슬람교, 힌두교
- 성립 · 독립 연월일: 1971. 3. 26.
- 1인당 GDP: 1,906달러
- 국제 연합 가입 연월: 1974. 9.
- 대한민국과 국교 수교일: 19737. 12. 18.

베트남
Socialist Republic of Vietnam

나라꽃: 연꽃
과명: 수련과
영명: Lotus Flower
꽃말: 청정, 순결

국기 제정일: 1955년 11월 30일
1945년에 베트남 민주 공화국이 성립되고, 빨간색 바탕에 노란색 오각 별을 그린 국기가 채택되었다. 1954년 남북으로 분단되어 국기가 2개로 되었지만, 1976년 7월에 남북 베트남 통일 후에는 이 기를 국기로 사용하고 있다. 별의 빛은 노동자, 농민, 병사, 지식인, 상인을 나타내고, 별은 단결과 사회주의 사회의 건설, 빨강은 독립을 위해 흘린 피, 노랑은 혁명을 나타낸다.

- 면적: 33.1만 ㎢
- 인구: 9,550만 명
- 수도: 하노이
- 통화 단위: 동
- 주요 언어: 베트남어
- 민족: 베트남족 외 54개 소수 민족
- 주요 종교: 불교
- 성립 · 독립 연월일: 1945. 9. 2.
- 1인당 GDP: 2,740달러
- 국제 연합 가입 연월: 1977. 9.
- 대한민국과 국교 수교일: 1992. 12. 22.

국장 제정일: 1976년 7월 2일
주요 작물인 벼 이삭이 전체를 감싸고 있으며 사회주의의 상징인 오각 별, 공업화를 나타내는 톱니바퀴, 혁명을 나타내는 빨간 리본에는 베트남어로 상단에 「사회주의 공화국」, 하단에 「베트남」이라고 쓰여 있다.

부탄
Kingdom of Bhutan

나라꽃: 히말라야 푸른양귀비
과명: 양귀비과
영명: Himalayan Blue Poppy
꽃말: ―

국기 제정일: 1972년 6월 8일
황색은 국왕의 지도력, 오렌지색은 불교, 하양은 순수함과 충성심을 나타낸다. 국명인 부탄은 「용의 나라」를 의미하며, 산들에 울려 퍼지는 천둥은 용의 울음소리라고 여겨져 왔다. 용이 물고 있는 구슬은 나라의 부와 성숙을 나타낸다. 용의 디자인은 현재의 국기가 되기 전부터 사용되어 왔다.

- 위 치: 인도 및 중국(티벳)과 접경한 내륙국
- 면적: 3.8만 ㎢
- 인구: 83만 명
- 수도: 팀푸
- 통화 단위: 눌트룸
- 주요 언어: 종카어, 영어, 네팔어
- 민족: 보테족, 네팔인, 기타 이민족
- 주요 종교: 라마교, 힌두교
- 성립 · 독립 연월일: 1949. 8. 8.
- 1인당 GDP: 3,423달러
- 국제 연합 가입 연월: 1971. 9.
- 대한민국과 국교 수교일: 1987. 9. 24.

국장 사용 개시 년도: 1980년
「용의 나라」를 나타내는 좌우에 한 쌍의 암용과 수용, 중앙에 종교적이고도 세속적인 훌륭한 전통적인 관습과 현대의 권력, 권력과의 조화를 나타내는 금강저를 십자로 짜 맞춘 모양, 그 아래에 연꽃, 윗부분에 보배로운 구슬, 용 주위에 불꽃을 배열하였다. 윗부분에 종카어, 아랫부분에 영어로 부탄 왕국 정부라고 쓰여 있다.

북한
Democratic People's Republic of Korea

나라꽃: 함박꽃나무(목란)
과명: 목련과
영명: Oyama Magnolia
꽃말: 화려, 화사, 숭고한 정신, 자연애

국장 제정일: 1993년 12월 10일

수풍 댐과 수력 발전소를 벼 다발로 둘러싸고 공산주의를 나타내는 빨간색 오각 별을 배치했다. 아랫부분에는 혁명을 나타내는 빨간색 리본의 중앙에 국명이 쓰여 있다. 1948년에 제정된 국장에 그려진 산을, 혁명의 산인 김정일이 탄생했다고 하는 백두산으로 1993년에 수정했다.

국기 제정일: 1948년 9월 8일

제2차 세계 대전 후 한반도 북부는 소련에 의해 점거되어, 공산주의 세력이 1948년 9월 9일에 조선민주주의 인민 공화국을 수립했다. 국기는 깃대 쪽 가까이에 흰색 둥근 원에 빨간색 오각 별을 그리고 파랑, 하양, 빨강, 하양, 파랑의 가로로 5분할된 기이다. 이 3색은 전통적인 북한의 색이며, 파랑은 국가의 주권에 대한 염원, 하양은 빛나는 역사적 문화를 가진 민족, 빨강은 혁명으로 흘린 피, 빨간색 오각 별은 사회주의 사회의 건설, 하얀색 원은 음양을 나타내는 것이라고 하고 있다.

- 위치: 동북아시아 한반도 북쪽
- 면적: 12.1만 ㎢
- 인구: 25.5만 명
- 수도: 평양
- 통화 단위: 북한 원
- 주요 언어: 한국어
- 민족: 한민족
- 주요 종교: 불교, 개신교.
- 성립 · 독립 연월일: 1945.
- 1인당 GDP: 583달러(2016)
- 국제 연합 가입 연월: 1991. 9.
- 대한민국과 국교 수교일: ‒

브루나이
Brunei Darussalam

나라꽃: 심포 에어
과명: 딜레니아과
영명: Simpoh Ayer
용도: 식용, 약용

국장 제정일: 1959년 9월 29일

평화와 번영을 나타내는 위로 올린 두 손, 「항상 신의 가르침을 따르라」라고 쓰여 있는 초승달, 그 가운데에 새의 날개에 의해 떠받쳐진 기와 파라솔, 아랫부분에 「온화한 땅 브루나이」라는 아랍어 표어 리본을 배치했다.

국기 제정일: 1959년 9월 29일

1888년에 영국의 보호하에 들어갔다가 1984년에 독립했다. 원래는 술탄을 나타내는 노란색 한 가지 색이었지만, 1906년에 수상을 나타내는 흰색과 그 밖의 대신을 나타내는 검정을, 줄무늬 폭 17 : 15의 비율로 추가하고, 다시 1959년에 빨간색 국장을 추가했다.

- 면적: 5.8만 ㎢
- 인구: 45.0만 명
- 수도: 반다르스리브가완
- 통화 단위: 브루나이 달러
- 주요 언어: 말레이어, 영어, 중국어
- 민족: 말레이계, 중국계, 인도계
- 주요 종교: 이슬람교, 불교, 크리스트교
- 성립 · 독립 연월일: 1984. 1. 1.
- 1인당 GDP: 27,871달러(2019)
- 국제 연합 가입 연월: 1984. 9.
- 대한민국과 국교 수교일: 1984. 1. 1.

사우디아라비아
Kingdom of Saudi Arabia

국기 제정일: 1973년 3월 15일

중앙에 「알라 외에 다른 신은 없다. 무함마드는 알라의 사도다」라고 쓰여 있는 코란의 구절과 1자루의 곧은 검이 흰색으로 그려져 있는 초록색 기이다. 초록은 무함마드의 딸 파티마에게서 유래하는 이슬람교를 상징하는 색이며, 무함마드의 터번의 색이라고도 한다. 검은 이슬람교의 힘과 성지 메카의 수호를 나타낸다. 기의 겉과 속 양쪽에서 글을 바르게 읽을 수 있도록 2장을 겹쳐서 만들었다.

나라꽃: 대추야자
과명: 야자나뭇과
영명: Date palm
꽃말: 부활, 승리, 영예,

- 면적: 215만 ㎢
- 인구: 3,410만 명
- 수도: 리야드
- 통화 단위: 사우디아라비아 리알
- 주요 언어: 아랍어, 영어
- 민족: 아랍족
- 주요 종교: 이슬람교(수니파)
- 성립 · 독립 연월일: 1927. 5. 20.
- 1인당 GDP: 22,865달러(2019)
- 국제 연합 가입 연월: 1945. 10.
- 대한민국과 국교 수교일: 1962. 10. 16.

국장 제정 연도: 1950년

이슬람교에 의한 정복과, 1932년에 성립된 사우디아라비아 왕국의 전신인 헤자즈 왕국과 네지드 왕국을 나타내는 2개의 교차된 검과 생명력, 성장, 이슬람의 수호를 나타내는 야자나무를 배치하였다.

스리랑카
Democratic Socialist Republic of Sri Lanka

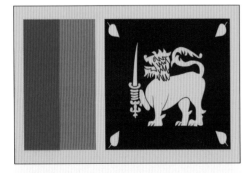

국기 제정일: 1978년 9월 7일

1948년, 중앙에 사자를 그린 붉은 깃발 아래에서 「실론」이라는 이름으로 영연방 내의 자치령으로 독립했다. 1951년 3월에 힌두교도인 타밀족을 나타내는 오렌지색과 이슬람교도를 나타내는 초록색 세로 줄무늬를 깃대 쪽에 넣었다. 검을 가진 사자는 신할라인을 나타내며, 네 귀퉁이의 네 장의 보리수 잎은 불교를, 황색은 불교에 의한 국가와 국민의 보살핌을 나타낸다. 1972년에 공화국을 채택하고, 국명을 스리랑카로 개칭했다.

나라꽃: 수련
과명: 수련과
영명: Blue Water Lilly
꽃말: 청순, 순결

- 면적: 6.6만 ㎢(한반도의 1/3)
- 인구: 2,190만 명
- 수도: 스리자야와르데네푸라코테
- 통화 단위: 루피
- 주요 언어: 신할리즈어, 타밀어, 영어
- 민족: 신할리즈족, 타밀족, 무어족, 버거족, 말레이족
- 주요 종교: 불교, 힌두교
- 성립 · 독립 연월일: 1948. 2. 4.
- 1인당 GDPI: 3,947달러
- 국제 연합 가입 연월: 1955. 12.
- 대한민국과 국교 수교일: 1977. 11. 14.

국장 제정일: 1972년 5월 22일

신할라인의 상징인 사자를 중앙에 배치하고, 그 주위에 불교국을 나타내는 연꽃잎, 또한 주산물이며 부를 상징하는 벼가, 국가의 번영을 나타내는 단지에서 자라 그것들을 에워싸고 있으며, 아래 왼쪽의 달과 오른쪽의 태양은 국가의 영속성, 맨 위에 있는 법륜은 불교를 나타낸다.

시리아
Syrian Arab Republic

나라꽃: 재스민
과명: 물푸레나뭇과
영명: Jasmine
꽃말: 행복, 친절, 상냥함

국장 제정 연도: 1980년

무함마드를 낳은 크라이슈 부족의 금색 매로, 가슴에 세로 방향으로 그려진 국기 문양이 들어 있는 방패를 품고, 그 아래에 올리브 화환을 배치하고, 아랍어로 국명을 쓴 리본을 발로 붙잡고 있다.

국기 제정일: 1980년 3월 29일

1946년에 프랑스로부터 독립했다. 1958년에 이집트와 「아랍 연합 공화국」을 결성하고, 빨강, 하양, 검정의 가로 삼색기의 중앙에 양국을 나타내는 2개의 초록색 오각 별을 넣은 국기를 제정했다. 1961년에 연합은 해체되었지만, 1980년에 예전의 「아랍 연합 공화국」 국기가 부활했다. 빨강은 자유를 위한 투쟁, 하양은 평화, 검정은 어두운 식민지 시대를 나타낸다. 현재는 2개의 초록색 오각 별은 아름다운 아랍의 대지와 아랍의 통일을 나타낸다.

- 위 치 : 이스라엘, 지중해와 인접
- 면적: 18.5만 ㎢
- 인구: 1,850만 명
- 수도: 다마스쿠스
- 통화 단위: 시리아 파운드
- 주요 언어: 아랍어
- 민족: 아랍인, 쿠르드인, 아르메니아인
- 주요 종교: 이슬람교(수니파)
- 성립 · 독립 연월일: 1946. 4. 17.
- 1인당 GDP: 3,782달러(2017년)
- 국제 연합 가입 연월: 1945. 10.
- 대한민국과 국교 수교: −

싱가포르
Republic of Singapore

나라꽃: 양란(반다 미스 요아킴)
과명: 난초과
영명: Singapore Orchid
꽃말: 단합, 협력

국장 제정일: 1959년 11월 26일

국기 디자인을 넣은 방패와 방패잡이는 국명인 「사자의 마을」을 나타내는 사자와 말레이시아와의 관계를 나타내는 말레이 호랑이, 발밑에는 말레이어로 "Majulah Singapura(전진하라 싱가포르)" 라고 쓰여 있는 표어를 배치한 것이다.

국기 제정일: 1959년 12월 3일
국기 부활일: 1965년 8월 9일

싱가포르가 영국으로부터 자치권을 획득한 1959년에 제정되었는데, 빨강은 평등과 세계 인류, 하양은 순수함과 미덕을 나타낸다. 5개의 흰색 오각 별은 평등, 진보, 평화, 민주주의를 나타내고, 초승달은 국가의 발전을 상징한다. 1963년부터 말레이시아 연방을 구성하는 주로서 말레이시아 국기를 사용했지만, 1965년 8월 9일 분리 독립한 후 이 기가 다시 국기가 되었다.

- 위 치 : 말레이반도 남단섬
- 면적: 719㎢
- 인구: 570만 명
- 수도: 싱가포르
- 통화 단위: 싱가포르 달러
- 주요 언어: 영어, 중국어, 말레이어, 타밀어
- 민족: 중국계, 말레이계, 인도계
- 주요 종교: 불교, 도교, 이슬람교, 크리스트교
- 성립 · 독립 연월일: 1965. 8. 9.
- 1인당 GDP: 63,987달러
- 국제 연합 가입 연월: 1965. 9.
- 대한민국과 국교 수교일: 1975. 8. 8.

아랍 에미리트
United Arab Emirates

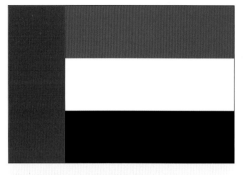

나라꽃: 공작고사리
과명: 공작고사릿과
영명: Northern maiden hair
꽃말: 애교

국장 제정일: 2008년 3월 23일

국장은 2008년 3월에 예언자 무함마드를 낳은 쿠라이슈 부족의 상징인 금색의 독수리 가슴에 그려진 다우선 대신 연방 구성 7개의 수장국을 나타내는 7개의 오각 별로 둘러싸인 국기를 배치한 것으로 변경되었다. 명판에는 아랍어로 국명이 쓰여 있다.

국기 제정일: 1971년 12월 2일

페르시아만 남쪽 기슭에 있는 7개국이 연방을 형성하여, 1세기에 걸쳐 영국의 보호하에 있다가 1971년 12월 2일에 독립했다. 국기는 빨강, 초록, 하양, 검정의 「범아랍색」을 사용하고 있다. 빨강은 희생자의 피, 초록은 비옥한 국토, 하양은 평화와 순수함을, 검정은 국토에 근대화를 가져온 석유를 상징한다.

- 위 치 : 걸프 연안, 사우디, 오만과 접경
- 면적: 8.4만 ㎢
- 인구: 1,070만 명
- 수도: 아부다비
- 통화 단위: 디르함
- 주요 언어: 아랍어, 영어
- 민족: 아랍족
- 주요 종교: 이슬람교(수니파)
- 성립 · 독립 연월일: 1971. 12. 2.
- 1인당 GDP: 37,750달러
- 국제 연합 가입 연월: 1971. 12.
- 대한민국과 국교 수교일: 1980. 6. 18.

아르메니아
Republic of Armenia

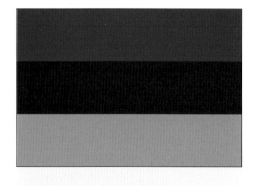

나라꽃: 아네모네
과명: 미나리아재빗과
영명: Anemone
꽃말: 기대, 인내, 비밀의 사랑

국장 제정일: 1992년 4월 19일

노아의 방주 전설로 유명한 아라라트산을 그린 방패와 아르메니아의 고대 4왕조의 문장을 그린 방패, 방패잡이는 황색 사자와 독수리, 발밑에 황색 리본을 배치하였다.

국기 제정일: 1990년 8월 24일

1918년에 러시아에서 독립하고, 8월에 빨강, 파랑, 오렌지색으로 된 국기가 제정되었다. 1920년에 공화국을 수립하고 1922년에 소련의 일부가 되었지만, 1991년 9월에 독립하자, 이 국기를 다시 국기로 제정하였다. 빨강은 아르메니아의 고지와 독립, 자유, 크리스트교를 지키려는 국민의 투쟁, 파랑은 평화를 추구하는 국민의 의지, 오렌지색은 근면하고 창조적인 국민을 상징한다.

- 위 치 : 동유럽 흑해 연안
- 면적: 3만 ㎢
- 인구: 300만 명
- 수도: 예레반
- 통화 단위: 드람
- 주요 언어: 아르메니아어, 러시아어
- 민족: 아르메니아인, 쿠르드인, 러시아인
- 주요 종교: 크리스트교(아르메니아 정교)
- 성립 · 독립 연월일: 1991. 9. 21.
- 1인당 GDP: 4,528달러
- 국제 연합 가입 연월: 1992. 3.
- 대한민국과 국교 수교일: 1992. 2. 21.

아제르바이잔
Republic of Azerbaijan

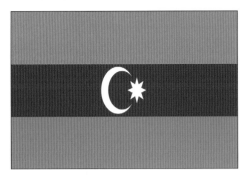

국기 제정일: 1991년 2월 5일

가로 삼색기의 파랑은 터키계 민족, 빨강은 근대화에 대한 결의, 초록은 이슬람교를 나타낸다. 중앙에는 이슬람교의 상징인 흰색 초승달과 별이 있는데, 팔각 별은 국내의 8개의 터키계 민족을 상징한다. 이 기는 독립되어 있던 1918년~1920년에 사용되었다. 1920년에 공화국을 수립하고 1922년에 소비에트 사회주의 공화국 연방의 일부가 되었지만, 1991년에 소련이 해체되자 이 깃발 아래 다시 독립을 선언하였다.

수도 바쿠를 상징하는 대표적인 건물 메이든 타워

- 위 치: 카스피해 연안, 러시아 · 조지아와 접경
- 면적: 8.7만 ㎢
- 인구: 1,010만 명
- 수도: 바쿠
- 통화 단위: 마나트
- 주요 언어: 아제르바이잔어, 러시아어
- 민족: 아제르바이잔인, 다게스탄인, 아르메니아인
- 주요 종교: 이슬람교(시아파)
- 성립 · 독립 연월일: 1991. 8. 30.
- 1인당 GDP: 4,689달러
- 국제 연합 가입 연월: 1992. 3.
- 대한민국과 국교 수교일: 1992. 3. 23.

국장 제정일: 1993년 2월 27일

새로운 시대를 나타내는 팔각 별 가운데에 들어 있는 불꽃, 터키계 민족을 나타내는 8개의 구슬, 농업을 나타내는 밀 이삭과 떡갈나무 가지 화환을 그리고, 국기에 사용된 3색이 배경이 되어 있는 원형 문장이다.

아프가니스탄
Islamic Republic of Afghanistan

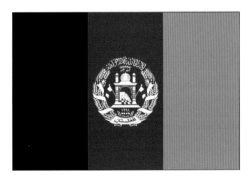

국기 사용 개시일: 2004년 12월 7일

2004년 12월, 새 정권이 수립함에 따라, 새로운 국기를 채택하였다. 중앙의 국장은 이전 정권의 황금색에서 흰색으로 바뀌고, 신생 아프가니스탄을 상징하는 떠오르는 태양이 이슬람 사원 위에 추가되었다. 사원 밑에는 독립한 서기 1919년에 해당하는 아프가니스탄력인 1298년이 기록되어 있다. 검정은 외국의 지배를 받던 어두운 과거, 빨강은 영국으로부터 독립을 꾀하다 전쟁에서 흘린 피, 초록은 달성한 독립, 평화와 이슬람교를 상징한다.

나라꽃: 튤립
과명: 백합과
영명: Tulip
꽃말: 사랑의 고백, 명예, 명성

- 위 치: 중앙아시아 남부, 인도 대륙 북서쪽
- 면적 65.2만 ㎢
- 인구: 3,650만 명
- 수도: 카불
- 통화 단위: 아프가니
- 주요 언어: 다리어, 파슈토어
- 민족: 파슈토족, 타지크족, 우즈베크인, 하자라족
- 주요 종교: 이슬람교, 크리스트교
- 성립 · 독립 연월일: 1919. 8. 19.
- 1인당 GDP: 513달러
- 국제 연합 가입 연월: 1946. 11.
- 대한민국과 국교 수교일: 1973. 12. 31.

국장 사용 개시일: 2004년 12월 7일

양쪽에 2개의 기로 장식된 문이 열린 이슬람 사원, 그 위에 「알라 외에 다른 신은 없도다. 무함마드는 알라의 사도다.」와 「신은 위대하다」라는 문구, 이슬람 사원 밑에는 아프가니스탄이라고 국명을 쓴 리본이 있고, 전체를 2개의 밀 이삭 화환이 둘러싸고 있는 형태로 되어 있다.

예멘
Republic of Yemen

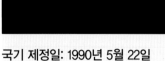

나라꽃: 커피나무
과명: 꼭두서닛과
영명: Coffea tree bush
꽃말: 협동, 합심

국장 제정일: 1990년 5월 24일
금색 독수리의 가슴 방패에는 기원전 650년에
말리부의 산들에 만들어져 예멘의 농업에 공헌
한 관개용 댐과, 생산물인 커피나무를 그리고,
2개의 국기와 국명을 쓴 리본을 배치하였다.

국기 제정일: 1990년 5월 22일
1990년에 예멘 인민 민주 공화국(남예멘)과 예
멘 아랍 공화국(북예멘)이 통합하여, 예멘 공화
국이 되었다. 빨강, 하양, 검정의 3색은 본래 이
집트 국기의 색인데, 구 북예멘과 남예멘의 국
기에 공통으로 사용되었으며, 아랍 통합을 꾀하
는 「범아랍 운동」을 상징한다. 빨강은 자유와 통
일을 위해 흘린 피, 하양은 빛나는 미래, 검정은
과거의 암흑시대를 상징한다.

- 위 치 : 아라비아반도 서남안 홍해 입구
- 면적: 52.8만 ㎢
- 인구: 3,160만 명
- 수도: 사나
- 통화 단위: 예멘 리알
- 주요 언어: 아랍어
- 민족: 아랍족
- 주요 종교: 이슬람교
- 성립 · 독립 연월일: 1990. 5. 22.
- 1인당 GDP: 943달러
- 국제 연합 가입 연월: 1947. 9.
- 대한민국과 국교 수교일: 1985. 8. 22.(북예멘)
  1990. 5. 17.(남예멘)

오만
Sultanate of Oman

오만의 수도 무스카트 문

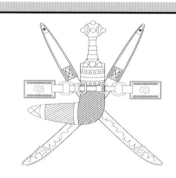

국장 제정일: 1985년 7월 23일
오만에서 예전부터 사용되어 온 검을 교차시켜,
그 위에 전통적인 단검과 장식 벨트를 배치하였
는데, 18세기경부터 사용되어 온 문장이라고 한
다.

국기 제정일: 1995년 11월 18일
빨강, 하양, 초록의 3색은 이 국가의 역사를 상
징하는데, 이곳을 오랫동안 통치해 온 술탄은
빨간색 기, 종교상의 지도자인 이맘은 흰색 기
를 사용해 왔다. 초록은 이전에는 오만 내륙에
있는 그린 마운틴으로 불리어진 산을 나타냈지
만, 현재는 비옥한 국토를 나타낸다. 하양은 번
영과 평화, 빨강은 외부의 침략자와의 투쟁을
나타낸다. 기의 왼쪽 상단에는 국장이 그려져
있으며, 가로 줄무늬의 비율은 1 : 1 : 1이다.
1951년에 영국에서 독립했다.

- 위 치 : 아라비아반도 동남단
- 면적: 31만 ㎢
- 인구: 430만 명
- 수도: 무스카트
- 통화 단위: 오만 리알
- 주요 언어: 아랍어, 영어
- 민족: 아랍족
- 주요 종교: 이슬람교
- 성립 · 독립 연월일: 1970년 7월 23일
- 1인당 GDP: 17,791달러
- 국제 연합 가입 연월: 1971. 10.
- 대한민국과 국교 수교일: 1974. 3. 28.

요르단
Hashemite Kingdom of Jordan

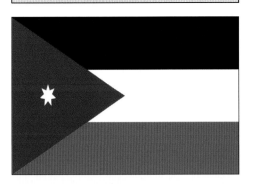

나라꽃: 블랙 아이리스
과명: 붓꽃과
영명: Black Iris
꽃말: -

국기 제정 연도: 1939년

초대 국왕 압둘라는 깃대 쪽에 빨간색 삼각형이 있는 검정, 초록, 하양인 터키 지배에 대한 반란 기의 초록과 하양의 색깔 순서를 바꾸고, 흰 칠각 별을 넣은 기를 국기로 채택했다. 이것은 코란 제1장의 전 7절을 의미한다. 검정은 아바스 왕조, 하양은 우마이야 왕조, 초록은 파티마 왕조, 빨강은 하심 왕조를 나타낸다. 1946년에 독립하고, 1949년에 국명을 트란스요르단 왕국에서 요르단 하심 왕국으로 변경했다.

- 위 치 : 이스라엘, 시리아, 이라크, 사우디 아라비아와 접경
- 면적: 8.9만 ㎢
- 인구: 1010만 명
- 수도: 암만
- 통화 단위: 요르단 디나르
- 주요 언어: 아랍어, 영어
- 민족: 아랍족, 아르메니아인, 체르케스인
- 주요 종교: 이슬람교(수니파)
- 성립 · 독립 연월일: 1946. 5. 25.
- 1인당 GDP: 4,387달러
- 국제 연합 가입 연월: 1955. 12.
- 대한민국과 국교 수교: 1962. 7. 26.

국장 제정 연월: 1999년 2월

중앙에 있는 방패 위의 반원형 파란색 지구에 올라 뒤에 이슬람교에 의한 압제를 나타내는 무기를 가지고 있는 독수리, 좌우에 아랍 반란 기, 아랫부분에 보리 이삭과 야자나무의 작은 가지 화환, 부활 훈장, 「요르단 하심 왕국 국왕은 신의 도움과 인도를 바란다」라고 쓰여 있는 표어 리본, 윗부분에 국왕 왕관, 그 밑에 진홍색 벨벳 망토를 배치하였다.

우즈베키스탄
Republic of Uzbekistan

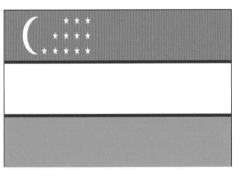

투르크 정복자인 아무르티무르(1336-1405)의 동상

국기 제정일: 1991년 11월 18일

19세기 후반에 러시아의 지배하에 들어가 1924년에 공화국을 수립하고 소련의 일부가 되었지만, 1991년에 독립했다. 초승달은 국민의 대다수가 믿는 이슬람교를 나타냄과 동시에 독립의 상징이기도 하며, 12개의 오각 별은 1년을 구성하는 12개의 달로 12궁도를 나타낸다. 파랑은 물, 하늘을 나타낸 것으로, 14세기 티무르 제국의 기에도 사용되었다. 하양은 평화, 선은 새로운 생활과 자연, 빨강은 민중의 생명력을 나타낸다.

- 위 치: 중앙아시아
- 면적: 44.7만 ㎢
- 인구: 3,300만 명
- 수도: 타슈켄트
- 통화 단위: 숨
- 주요 언어: 우즈베크어, 러시아어
- 민족: 우즈베크인, 타지크인, 러시아인, 카자흐족
- 주요 종교: 이슬람교(수니파), 크리스트교
- 성립 · 독립 연월일: 1991. 9. 1.
- 1인당 GDP: 1,832달러
- 국제 연합 가입 연월: 1992. 3.
- 대한민국과 국교 수교일: 1992. 1. 29.

국장 제정일: 1992년 7월 2일

톈산산맥, 아무다리야강 등의 우즈베키스탄의 풍경과 태양을 배경으로 하여 날개를 펼친 전설의 새 후마를, 생산물인 밀과 목화로 둘러싸고, 위쪽에는 이슬람교의 상징인 초승달과 별을, 아래쪽에는 국명을 기록한 리본을 배치하였다.

이라크
Republic of Iraq

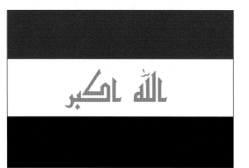

나라꽃: 장미
과명: 장미과
영명: Rose
꽃말: 아름다움, 사랑, 애정, 정절

국장 제정일: 2008년 1월 29일
12세기 후반에 십자군으로부터 예루살렘을 탈환한 이슬람 세계의 영웅 살라딘을 상징하는 독수리가 가슴에 국기와 똑같은 디자인의 방패를 품고 있으며, 초록색 명판에는 국명이 쓰여 있다.

국기 제정일: 2008년 1월 29일
1932년에 영국에서 독립한 이후, 국기가 몇 번 변경되었다. 모두 「범아랍색」인 빨강, 초록, 하양, 검정이 사용되었는데, 빨강은 투쟁하며 흘린 피, 하양은 밝은 미래, 검정은 과거의 억압, 초록은 이슬람교를 상징한다. 중앙에 녹색의 아랍어 서체인 쿠픽체로 「신은 위대하다」라는 문구가 쓰여 있다. 새 정부는 2008년 1월 고 후세인 대통령이 이끌었던 바스당의 상징인 초록별을 제거한 새 국기를 제정했다.

- 위 치: 아라비아반도 동북부, 아랍만 북부
- 면적: 43.8km²
- 인구: 3,910만 명
- 수도: 바그다드
- 통화 단위: 이라크 디나르
- 주요 언어: 아랍어, 쿠르드어
- 민족: 아랍인, 쿠르드족
- 주요 종교: 이슬람교
- 성립·독립 연월일: 1932. 10. 3.
- 1인당 GDP: 5,738달러
- 국제 연합 가입 연월: 1945. 12.
- 대한민국과 국교 수교일: 1981. 4. 15.

이란
Islamic Republic of Iran

나라꽃: 튤립
과명: 백합과
영명: Tulip
꽃말: 사랑의 고백, 명예, 명성

국장 제정일: 1980년 5월 10일
알라를 향한 인간의 성장과 혁명을 나타내고, 수직으로 선 검과 2개씩 대칭으로 놓인 4개의 초승달로 구성된다. 검은 힘과 용기, 4개의 초승달은 달의 4단계 진화를 나타낸다.

국기 제정일: 1980년 7월 29일
초록, 하양, 빨강의 가로 삼색기는 이 나라에서 처음으로 헌법이 만들어진 1906년에 등장했다. 초록은 이슬람, 하양은 평화, 빨강은 용기를 나타낸다. 이 나라는 페르시아로 불리어 왔지만, 1935년에 국가 이름을 이란으로 정했다. 중앙에 국장이 있는 현재의 국기는 1979년 이란 혁명의 다음 해에 도입되었다. 혁명 기념일인 이란력 1357년 바흐만 22일을 나타내기 위해 초록과 빨강 무늬 안쪽에 「신은 위대하다」라는 문구가 22번 반복되어 있다.

- 위 치: 중동 페르시아만 연안
- 면적: 164.8만 km²
- 인구: 8,330만 명
- 수도: 테헤란
- 통화 단위: 리알
- 주요 언어: 페르시아어
- 민족: 이란족, 아제르바이잔족, 길락-마잔다란족, 쿠르드족, 아랍족
- 주요 종교: 이슬람교(시아파)
- 성립·독립 연월일: 1979. 4. 1.
- 1인당 GDP 5,506달러
- 국제 연합 가입 연월: 1945. 10.
- 대한민국과 국교 수교일: 1962. 10. 23.

이스라엘
State of Israel

나라꽃: 올리브
과명: 물푸레나뭇과
영명: Olive
꽃말: 평화

국장 제정일: 1949년 9월 11일
중앙의 7자루 촛대는 메노라라고 하며, 기원전 70년에 예루살렘을 파괴한 로마인이 가져가 버린 것인데, 로마 고분에서 발견되었다고 하는 유대의 상징이다. 아래에는 히브리어로 국명, 그 양옆을 유대 민족의 평화를 나타내는 올리브 가지가 둘러싸고 있다.

국기 제정일: 1948년 11월 12일
1891년 미국 매사추세츠주의 유대교 사원에서 처음으로 게양된 기가 모델이 되었고, 그 후에도 유사한 기가 이스라엘의 건국을 목표로 하는 「시오니스트 운동」기로서 1897년부터 사용되어 왔다. 청색과 하양은 유대교의 기도용 숄의 색이며, 청색은 팔레스타인의 하늘, 하양은 시온주의자의 깨끗한 마음을 상징한다. 중앙의 파란 육각 모양은 「다윗의 방패」로, 전통적인 유대교도의 상징이다. 1948년 5월 14일 건국 후 11월에 국기로 정식 제정되었다.

- 위치: 이집트, 요르단, 시리아, 레바논과 접경
- 면적: 2.1만 ㎢
- 인구: 910만 명
- 수도: 예루살렘
- 통화 단위: 셰켈
- 주요 언어: 히브리어, 아랍어, 영어
- 민족: 유태인, 아랍인, 드루즈인
- 주요 종교: 유대교, 이슬람교
- 성립·독립 연월일: 1948. 5. 14.
- 1인당 GDP: 42,823달러
- 국제 연합 가입 연월: 1949. 5.
- 대한민국과 국교 수교: 1962. 4. 10.

인도
Republic of India

나라꽃: 연꽃
과명: 수련과
영명: East Indian Lotus.
꽃말 : 순결, 신성, 청정

국장 제정일: 1950년 1월 26일
기둥 위에 서 있는 3마리의 사자상을 모방한 기념기둥으로, 아소카왕의 고향 사르나트 유적에서 발굴되었다. 무대 중앙에 차크라(법륜), 그 양쪽에 말과 소가 그려져 있다. 기둥 밑에는 힌디어로 「진정한 승리」라고 쓰여 있다.

국기 제정일: 1947년 7월 22일
1931년에 채택된 인도 국민 회의당의 기에 있는 물레의 디자인을, 고대인도 아소카왕이 세운 기둥머리에서 유래하는 차크라(법륜)로 바꿔 중앙에 놓았다. 주황색은 용기와 희생, 하양은 평화와 진리, 초록은 충성과 예절을 나타낸다. 차크라는 불교의 상징이며 24개의 축은 1일 24시간을 나타내고 끝없는 인생과 진보를 상징하며, 파랑은 바다와 하늘을 나타낸다. 1947년 8월 15일 독립 직전에 국기로 제정되었다.

- 위치: 아시아 남부, 아라비아해와 벵골만 사이
- 면적: 328.7만 ㎢
- 인구: 13억 5,000만 명
- 수도: 뉴델리
- 통화 단위: 루피
- 주요 언어: 힌디어를 포함한 22개 공용어, 영어
- 민족: 인도 아리안계, 드라비다계, 몽골계
- 주요 종교: 힌두교, 이슬람교
- 성립·독립 연월일: 1947. 8. 15.
- 1인당 GDP: 2,172달러
- 국제 연합 가입 연월: 1945. 10.
- 대한민국과 국교 수교일: 1973. 12. 10.

인도네시아
Republic of Indonesia

나라꽃: 아라비아 재스민
과명: 물푸레나뭇과
영명: Arabian Jasmine
꽃말: 협동, 합심

국장 제정일: 1950년 2월 1일
전설의 새 「독수리」 가슴의 방패에는 민주주의를 나타내는 황소의 머리, 국가의 통일을 나타내는 보리수나무, 공정을 나타내는 벼와 목화, 인도주의를 나타내는 쇠사슬과 신앙을 나타내는 별을 그린 검은 방패를, 발에는 인도네시아어로 "Bhinneka Tunggal Ika(다양을 통해 통일을)"이라는 표어 리본을 붙잡고 있다.

국기 제정일: 1945년 8월 17일
13세기 후반에 자와섬에 세워졌던 마자파이트 왕국이 빨간색과 하얀색으로 된 기를 사용했다고 한다. 1922년에 네덜란드 통치하에서 유학생 조직인 「인도네시아 협회」도 이 2색기를 사용했다. 네덜란드의 지배에서 독립을 위해 투쟁한 인도네시아 국민당도 빨간색과 흰색으로 된 기를 사용했지만, 1945년 8월 17일 독립 선언일에 정식으로 국기로 채택하였다. 빨강은 용기, 하양은 순결을 나타낸다. 티모르섬 동부는 동티모르 민주 공화국으로 2002년 5월 독립했다.

- 위치: 동남아 말레이 제도
- 면적: 190.5만 km²
- 인구: 2억 7,000만 명
- 수도: 자카르타
- 통화 단위: 루피아
- 주요 언어: 인도네시아어
- 민족: 자바족, 순다족, 아체족, 마두라족 등 300여 종족
- 주요 종교: 이슬람교, 크리스트교
- 성립 · 독립 연월일: 1945. 8. 17.
- 1인당 GDP: 4,164달러
- 국제 연합 가입 연월: 1950. 09.
- 대한민국과 국교 수교일: 1973. 09. 18.

일본
Japan

나라꽃: 왕벚나무
과명: 장미과
영명: Yoshino Cherry
꽃말: 정신의 아름다움, 뛰어난 미모, 순결

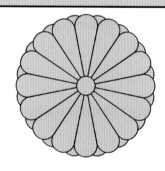

국장 제정일: 1926년 10월 21일
일본의 법제상 국장은 존재하지 않는다. 황실 문장은 황색의 16장 8겹 국화이며, 문장 양식 세칙은 1926년 황실 의제령으로 결정되었다. 국화꽃 문장은 12세기 말의 고토바 천황 무렵부터 사용되어 왔다고 한다. 1965년 이후, 각령으로 정해진 것은 없지만 여권의 표지에 16장 한 겹 국화꽃의 문장을 사용하고 있다.

국기 제정일: 1999년 8월 13일
「일장기」, 「히노마루」라고 불리며, 하양은 순수함과 정직함, 빨강은 정열과 충성심의 의미를 가지며, 빨간색 원은 태양을 나타낸다. 1854년에 다른 배와 구별하기 위해 일본의 선박용 기로 정해지고, 1970년에 세로 가로의 비율 7 : 10의 상선용 기와 2 : 3의 군함용 기 2가지 규격의 일장기와 관련된 포고가 발표되었다. 이후 어느 쪽을 정식으로 할 것인지가 논의되었다가 1999년 8월 13일에 시행된 「국기 및 국가에 관한 법률」 제127호에서 2 : 3의 일장기가 정식으로 국기로 제정되었다.

- 위치: 동북아시아
- 면적: 37.8만 km²
- 인구: 1억 3,000만 명
- 수도: 도쿄
- 통화 단위: 엔
- 주요 언어: 일본어
- 민족: 일본족
- 주요 종교: 신도, 불교
- 성립 · 독립 연월일: 1952. 4. 28.
- 1인당 GDP: 40,847달러
- 국제 연합 가입 연월: 1956. 12.
- 대한민국과 국교 수교일: 1965. 12. 18.

조지아
Georgia

국기 제정일: 2004년 1월 14일

2004년 1월의 정변으로 대통령이 야당인 국민운동당의 당 지도자인 미하일 사카슈빌리로 바뀌고 새 국기가 채택되었다. 12세기부터 14세기에 걸쳐 사용된 중세 조지아 왕국의 국기를 원형으로 한 기로, 빨간색 큰 십자의 각각의 4면에 작은 십자를 배치한 흰색 기이다. 이 십자는 예루살렘 십자라고 불리며 십자군에서 유래한다.

조지아의 수도 트빌리시

- 면적: 흑해 연안
- 면적: 7만 ㎢
- 인구: 370만 명
- 수도: 트빌리시
- 통화 단위: 라리
- 주요 언어: 조지아어
- 민족: 조지아인, 아제르바이잔인, 아르메니아인, 러시아인
- 주요 종교: 크리스트교(조지아 정교)
- 성립 · 독립 연월일: 1991. 4. 9.
- 1인당 GDP: 4,289달러
- 국제 연합 가입 연월: 1992. 7.
- 대한민국과 국교 수교: 1992. 12. 14.

국장 제정일: 2005년 6월 3일

정변에 의해 국장도 바뀌었다. 중앙에 백마에 올라타고 용을 창으로 무찌르는 조지아의 수호성인인 성 게오르그를 그린 빨간색 방패와 위쪽에 주권을 나타내는 조지아 관, 방패잡이에 사자, 아랫부분에 조지아어로 「단결은 힘이다」라고 쓰여 있는 빨간색 십자가 들어 있는 표어 리본을 배치하였다.

중국
People's Republic of China

국기 제정일: 1949년 9월 27일

1949년 10월 1일, 중화 인민 공화국이 건국되었다. 국기는 디자인 대회에서 선택된 것인데, 빨강은 공산주의의 상징이며, 한민족의 전통색이며, 노랑은 광명, 큰 별은 중국 공산당의 지도력, 작은 4개의 별은 중국 인민의 단결을 나타낸다. 몽고인, 만주인, 티베트인, 신장 이슬람교도의 통합을 나타낸다. 이 국기는 「오성홍기」라고 불린다.

나라꽃: 모란
과명: 작약과
영명: Peony
꽃말: 인내, 부귀, 화려, 강인한 국민정신

- 위치: 동북아시아
- 면적: 959.7만 ㎢
- 인구: 14억 명
- 수도: 베이징
- 통화 단위: 위안
- 주요 언어: 중국어
- 민족: 한족 및 55개 소수민족
- 주요 종교: 불교, 도교
- 성립 · 독립 연월일: 1949. 10. 1.
- 1인당 GDP: 10,099달러
- 국제 연합 가입 연월: 1945. 10.
- 대한민국과 국교 수교일: 1992. 08. 25.

국장 제정일: 1950년 9월 20일

중화 인민 공화국이 1949년에 건국 선언을 한 톈안먼에 오성홍기를 배치한 것이다. 이것에 농업을 나타내는 보리 다발과 벼 이삭, 공업을 나타내는 톱니바퀴를 더하고, 공산주의를 나타내는 빨간색 천으로 장식하여, 농공업의 조화에 의한 발전을 나타낸다.

카자흐스탄
Republic of Kazakhstan

나라꽃: 백합
과명: 백합과
영명: Lily
꽃말: 순결

국기 제정일: 1992년 6월 4일

파랑은 수 세기 동안 유목을 해 온 터키계 민족과 몽골계 민족의 전통색이며, 하늘을 상징한다. 19세기에 들어 러시아의 지배하에 들어가 1936년에 소련을 구성하는 공화국이 되었지만, 1991년에 독립하고 1992년에 새로운 국기를 채택했다. 파랑은 평화와 행복, 노랑은 희망, 태양은 높은 이상, 자유를 나타낸다. 깃대 쪽에는 특유의 장식 모양을 넣었다.

- 위치: 중앙아시아, 남시베리아, 알타이
- 면적: 272.5만 ㎢
- 인구: 1,860만 명
- 수도: 아스타나
- 통화 단위: 텡게
- 주요 언어: 카자흐어, 러시아어
- 민족: 카자흐인, 러시아인, 우크라이나인, 우즈베크인, 독일인
- 주요 종교: 이슬람교, 크리스트교(러시아 정교)
- 성립 · 독립 연월일: 1991.12. 21.
- 1인당 GDP: 9,139달러
- 국제 연합 가입 연월: 1992. 3.
- 대한민국과 국교 수교일: 1992. 1. 28.

국장 제정일: 1992년 6월 4일

중앙에는 카자흐스탄 유목민이 사용하는 전통적인 이동식 텐트인 「유르트」의 윗부분, 유르트를 지탱하기 위해 거기서 태양 광선이 퍼지고, 위쪽에 오각 별, 아래쪽에 국명을 쓰고, 방패잡이에는 날개와 다리가 있는 2마리의 말을 배치하였다.

카타르
State of Qatar

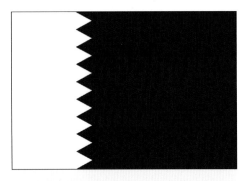

나라꽃: 백일홍
과명: 국화과
영명: Common Zinnia dahlia Flowered
꽃말: 그리움, 수다

국기 제정일: 1971년 1월 9일

9개의 톱니 모양에 의해 적갈색과 흰색으로 나누어진 국기는, 현재 사용되고 있는 세계의 국기 가운데 가로 길이가 가장 길다. 이웃 나라인 바레인의 하양과 빨강의 톱니 모양으로 나누어진 국기와 비슷하다. 9개의 톱니 모양은 1916년에 영국과 보호 조약을 체결한 9번째 국가임을 나타낸다. 원래는 빨간색이었지만, 햇빛에 변색되어, 1949년에 적갈색을 공식적인 색으로 정했다. 흰색은 평화, 적갈색은 과거의 전쟁에서 흘린 피를 나타낸다.

- 위치: 아라비아반도 동쪽 걸프만의 작은 반도
- 면적: 1.2만 ㎢
- 인구: 280만 명
- 수도: 도하
- 통화 단위: 카타르 리얄
- 주요 언어: 아랍어, 영어
- 민족: 아랍계, 인도계, 파키스탄계, 이란계
- 주요 종교: 이슬람교(수니파)
- 성립 · 독립 연월일: 1971. 9. 3.
- 1인당 GDP: 69,688달러
- 국제 연합 가입 연월: 1971. 9.
- 대한민국과 국교 수교일: 1974. 4. 18.

국장 제정 연도: 1976년

원형으로 중앙에 교차하는 검 사이에 카타르의 다우선과 야자나무를 그리고, 그 주변에는 국기와 같은 배색으로 위쪽에는 아랍어로, 아래쪽에는 영어로 국명을 배치한 것이다.

캄보디아
Kingdom of Cambodia

나라꽃: 룸둘
과명: 포포나뭇과
영명: Rumduol
꽃말: 풋풋한 사랑

국기 제정일: 1948년 10월 29일
국기 부활일: 1993년 6월 29일

중앙의 앙코르 와트는 12~15세기에 크메르 왕국이 건설한 사원 유적으로, 이 나라의 상징이다. 파랑은 왕실, 빨강은 국가, 하양은 불교를 나타낸다. 프랑스의 보호령이 되기 전부터 앙코르 와트는 국기에 사용되었고, 파란색 테두리가 있는 빨간색 기였지만, 1948년에 상하에 2개의 파란색 줄무늬를 더했다. 1953년에 독립하고 공산 정권하에서 국기가 몇 번 바뀌었지만, 1993년 정변으로 신생 캄보디아 왕국이 탄생한 뒤, 1948년의 국기가 부활했다.

- 위 치 : 인도차이나반도 동남부
- 면적: 18.1만 ㎢
- 인구: 1,650만 명
- 수도: 프놈펜
- 통화 단위: 리엘
- 주요 언어: 크메르어, 프랑스어, 영어
- 민족: 크메르족, 기타 소수민족
- 주요 종교: 불교
- 성립 · 독립 연월일 : 1953. 11. 9.
- 1인당 GDP: 1,621달러
- 국제 연합 가입 연월: 1955. 12.
- 대한민국과 국교 수교일: 1997. 10. 30. 재개 (1970. 5. 18.수교, 1975. 4. 5. 외교 관계 중단)

국장 제정일: 1993년 9월 21일

중앙에 권력과 정의를 나타내는 왕의 검, 받침대가 있는 접시, 그 위에 왕관, 위쪽에 캄보디아 문화를 나타내는 태양 광선, 아래의 글은 국명, 방패잡이에는 국민을 수호하는 국왕의 상징인 파라솔을 들고 있는 코끼리 머리를 가진 사자와 왕실의 사자를 배치한 것이다.

쿠웨이트
State of Kuwait

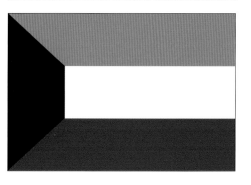

나라꽃: 란테리움 에파포숨(Rhanterium)
과명: 국화과
영명: Arfaj
용도: 잎은 낙타와 양의 사료

국기 제정일: 1961년 9월 7일

1961년에 영국으로부터 독립하고 3개월 후에 새로운 국기로 변경했다. 「범아랍색」이라고 하는 국기의 4색은, 13세기의 시에서 인용한 것인데, 초록은 아랍의 토지, 하양은 전사의 순수함, 빨강은 검에 묻은 피, 검정은 국토를 지키는 전투를 나타낸다. 이 디자인은 이웃 나라 이라크에서 1959년까지 사용되었던 사다리꼴과 범아랍색으로 이루어진 국기와 비슷하다.

- 위치: 아라비아반도 동북단, 아라비아만 서북단
- 면적: 1.8만 ㎢
- 인구: 470만 명
- 수도: 쿠웨이트
- 통화 단위: 쿠웨이트 디나르
- 주요 언어: 아랍어, 영어
- 민족: 아랍인
- 주요 종교: 이슬람교(수니파)
- 성립 · 독립 연월일: 1961. 6. 19.
- 1인당 GDP: 29,267달러
- 국제 연합 가입 연월: 1963. 5.
- 대한민국과 국교 수교일: 1979. 6. 11.

국장 제정일: 1963년

가슴에 국기의 색을 사용한 방패를 품은 금색 매가 날개를 크게 펼치고, 그 가운데에 국명을 쓴 리본과 쿠웨이트에서 예전부터 사용되어 온 바다에 떠 있는 다우선이 있다.

키르기스스탄
Kyrgyz Republic

나라꽃: 튤립
과명: 백합과
영명: Tulip
꽃말: 사랑의 고백

국장 제정일: 1994년 1월 14일
인장형 국장 가운데에 눈 덮인 텐산산맥과 일
출을 배경으로 날개를 펼친 흰 독수리를, 생산
물인 밀과 목화 화환으로 둘러싸고, 위쪽에 국
명 키르기스스탄, 아래쪽에 공화국이라고 키릴
문자로 쓰여 있다. 국장의 파란색은 용기와 관
용을 나타낸다.

국기 제정일: 1992년 3월 3일
19세기 후반에 러시아의 지배하에 들어갔다가,
1936년에 소련을 구성하는 공화국이 되었지만,
1991년에 독립했다. 중앙에 노란색 태양과 키르
기스인이 사용하는 「유르트」라는 이동식 텐트를
바로 위에서 본 형태로 그린 빨간색 기로, 유목
민족의 역사와 생활을 나타내고 있다. 태양은
키르기스스탄의 부족의 수를 나타내는 40가닥
의 광선을 내뿜고 있다. 빨강은 용감함과 용기,
노랑은 평화와 부, 태양은 영원을 나타낸다.

- 위치: 중앙아시아
- 면적: 20만 km²
- 인구: 640만 명
- 수도: 비슈케크
- 통화 단위: 솜
- 주요 언어: 키르기스어, 러시아어
- 민족: 키르기스인, 우즈베크인, 러시아계, 위구르인
- 주요 종교: 이슬람교, 크리스트교(러시아 정교)
- 성립·독립 연월일: 1991. 12. 21.
- 1인당 GDP: 1,293달러
- 국제 연합 가입 연월: 1992. 3.
- 대한민국과 국교 수교일: 1992. 1. 31.

키프로스
Republic of Cyprus

나라꽃: 시클라멘
과명: 앵초과
영명: Cyprus cyclamen
꽃말: 질투

국장 제정 연도: 2006년 4월 20일
평화의 상징인 비둘기가 올리브의 가지를 주둥
이에 물고 있는 디자인으로, 아래에 독립한 연
도인 1960년이 쓰여 있다. 평화를 바라는 국민
의 소망을 나타낸 것이다. 2006년에 일부 수정
되었다.

국기 제정일: 2006년 4월 20일
1960년 영국으로부터 독립했다. 이 나라의 그리
스계와 터키계 주민은, 새로운 국기는 그리스
(파랑)와 터키(빨강) 어느 쪽의 색도 쓰지 않기
로 하고 쌍방의 우호 협력을 나타내는 디자인으
로 하기로 결정했다. 올리브의 가지는 평화, 키
프로스섬 모양의 금색은 구리 산지인 키프로스
의 부를 나타낸다. 1974년에 터키군이 섬의 북
부에 독립 국가를 수립하여 1984년에 독자적인
국기를 채택했지만, 남아 있는 그리스계 주민은
2006년에 일부 수정된 이 국기를 사용하고 있다.

- 위치 : 지중해 해상
- 면적: 9,251만 km²
- 인구: 88만 명
- 수도: 니코시아
- 통화 단위: 유로
- 주요 언어: 그리스어, 터키어, 영어
- 민족: 그리스계, 터키계
- 주요 종교: 크리스트교(그리스 정교), 이슬람교
- 성립·독립 연월일: 1960. 10. 1.
- 1인당 GNI: 27,720달러
- 국제 연합 가입 연월: 1960. 9.
- 대한민국과 국교 수교일: 1995. 12. 28.

타이
Kingdom of Thailand

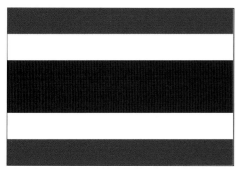

나라꽃: 라차프륵(황금샤워나무)
과명: 콩과
영명: Ratchphruek

국장 제정 연도: 1910년

라마 6세가 채택한 가루다라고 불리는 조류의 왕은, 인도 신화에 있는 비슈누 신의 탈것이라고 하는, 반은 사람이며 반은 새인 신비의 새이며, 전설의 용맹스런 프라나라이왕의 추종자로 사악에 단호히 맞서는 새로 여겨진다.

국기 제정일: 1917년 9월 28일

초기에는 무늬가 없는 빨간색 기였지만, 1855년에 중앙에 흰 코끼리가 추가되었다. 제1차 세계 대전 중에 빨강과 하양의 5개의 가로 줄무늬 국기로 채택하였지만, 1917년에 중앙의 빨간색 줄무늬를 파란색으로 바꿔, 미국, 영국, 프랑스 등 연합국 국기의「자유의 색」과 똑같이 3색이 되었다. 빨강은 국민의 피, 하양은 신앙으로 지켜진 국민의 순수함, 파랑은 타이의 왕실을 나타낸다. 하얀 코끼리는 현재에도 타이의 상징으로서 해군기 이외에도 사용된다. 1939년 국명을 시암에서 타이로 변경했다.

- 위 치 : 중국 남쪽, 말레이반도 상부
- 면적: 51.3만 km²
- 인구: 6,790만 명
- 수도: 방콕
- 통화 단위: 바트
- 주요 언어: 타이어, 중국어, 말레이어
- 민족: 타이족, 화교, 말레이족
- 주요 종교: 불교
- 성립 · 독립 연월일: 1932. 12. 10.
- 1인당 GDP: 7,792달러
- 국제 연합 가입 연월: 1946. 12.
- 대한민국과 국교 수교일: 1958. 10. 01.

타지키스탄
Republic of Tajikistan

타지키스탄 파미르 계곡

국장 제정일: 1993년 12월 28일

중앙에 산에서 솟아오르는 태양, 그 위에 있는 7개의 별은 천국에 있다고 전해지는 7개의 과수원, 왕관은 국민을 나타낸다. 아래에는 펼쳐진 책, 주변을 목화와 밀 화환으로 둘러싸고, 국기의 색으로 된 리본으로 감싸고 있다.

국기 제정일: 1992년 11월 24일

1929년부터 소련 내 공화국의 하나를 구성해 오다가 1991년 9월 9일에 독립했다. 타지크인은 이란계의 민족으로, 이란 국기의 3색을 국기에 사용해 왔다. 독립 후 1년 뒤에 제정된 새 국기도 이 3색을 사용했으며, 빨강은 국가 주권, 하양은 주요 산업인 목화, 초록은 그 밖의 농산물을 나타낸다. 중앙에 있는 금색 문장의 7개의 별과 왕관에 대해서는 국장에 대한 설명을 참조하기 바란다.

- 위치: 중앙아시아
- 면적: 14.4만 km²
- 인구: 930만 명
- 수도: 두샨베
- 통화 단위: 소모니
- 주요 언어: 타지크어, 러시아어
- 민족: 타지크인, 우즈베크인, 러시아인
- 주요 종교: 이슬람교(수니파)
- 성립 · 독립 연월일: 1991. 12. 21.
- 1인당 GDP: 877달러
- 국제 연합 가입 연월: 1992. 3.
- 대한민국과 국교 수교일: 1992. 4. 27.

터키
Republic of Turkey

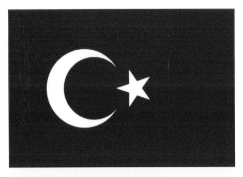

나라꽃: 튤립
과명: 백합과
영명: Tulip
꽃말: 사랑의 고백, 명예, 명성

국기 제정일: 1936년 5월 29일

용기를 상징하는 빨강이 민족의 색이며, 초승달과 별은 이슬람교의 상징인 동시에 수호이고, 달의 여신 다이아나의 초승달과 성모 마리아의 샛별을 나타내며, 고대로부터 콘스탄티노플(현재의 이스탄불)에서 사용되어 왔다. 별은 1844년에는 팔각 별이었지만 오각 별로 바뀌고, 오스만 제국 국기로 사용되었다. 1923년 혁명으로 공화국이 되어 국기를 일부 수정하고, 1936년에 정식으로 국기로 제정하였다.

- 위치: 아시아대륙 서부, 흑해 및 지중해 연안
- 면적: 78.4만 ㎢
- 인구: 8,300만 명
- 수도: 앙카라
- 통화 단위: 터키 리라
- 주요 언어: 터키어
- 민족: 터키인, 쿠르드인, 아랍인
- 주요 종교: 이슬람교
- 성립 · 독립 연월일: 1923. 10. 29.
- 1인당 GDP: 8,958달러
- 국제 연합 가입 연월: 1945. 10.
- 대한민국과 국교 수교일: 1957. 3. 8.

국장 제정 연도: 1923년

타원형의 빨간색 바탕에 이슬람교의 상징인 흰색 초승달과 오각 별을 배치하고, 윗부분에 노란색으로 "Turkiye Cumhuriyeti(터키 공화국)"라고 국명을 쓴 문장으로, 1922년 케말 아타튀르크에 의해 술탄 제도가 폐지되고, 오스만 제국이 터키 공화국으로 개칭된 1923년부터 준 국장으로 사용하고 있다.

투르크메니스탄
Republic of Turkmenistan

아슈하바트 도심

국기 제정일: 2001년 1월 24일

1924년 이후 소련의 공화국의 하나였다가, 1991년 10월 27일에 독립했다. 국기의 깃대 쪽 가까이에 주요 5부족의 전통적인 융단 무늬가 그려져 있고, 그 밑에는 1995년에 국제 연합에서 투르크메니스탄의 영세 중립이 결의된 기념으로, 올리브 가지 화환이 추가되었다. 초록은 이슬람교의 상징이며 초승달은 밝은 미래, 5개의 오각별은 5개 주를 나타낸다.

- 위치: 중앙아시아, 카스피해에 인접, 이란과 우즈베키스탄 사이에 위치
- 면적: 48.8만 ㎢
- 인구: 600만 명
- 수도: 아슈하바트
- 통화 단위: 마나트
- 주요 언어: 투르크메니스탄어, 러시아어
- 민족: 투르크메니스탄인, 우즈베크인, 러시아인
- 주요 종교: 이슬람교(수니파)
- 성립 · 독립 연월일: 1991. 10. 27.
- 1인당 GDP: 7,816달러
- 국제 연합 가입 연월: 1992. 3.
- 대한민국과 국교 수교일: 1992. 02. 07.

국장 제정일: 2003년 8월 16일

중앙의 파란색 원 가운데에 유명한 투르크멘 말, 빨간색 원반 속에 국기에 사용된 5종류의 전통적인 융단 무늬, 또한 바깥쪽에 주요 산물인 목화와 밀 화환과 초승달과 5개의 오각 별을 배치한 금색 윤곽선이 있는 초록색 팔각형 문장이다. 팔각형은 풍부함, 평화, 고대로부터의 평온을 나타낸다.

파키스탄
Islamic Republic of Pakistan

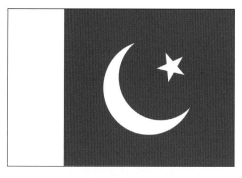

나라꽃: 재스민
과명: 물푸레나뭇과
영명: jasmine
꽃말: 부귀, 성실

국기 제정일: 1947년 8월 14일

영국으로부터의 독립과 이슬람교도의 국가 건설을 목표로 하여 1906년 전 인도·이슬람 연맹이 결성되어, 이슬람교의 상징인 흰색 초승달과 오각 별을 그린 초록 기를 채택했다. 1947년 8월 파키스탄으로 독립했을 때, 소수파인 비이슬람교도를 나타내는 흰색의 세로로 된 천을 깃대 쪽에 더해 국기로 삼았다. 초록은 이슬람교의 신성한 색으로 국가의 번영, 하양은 평화를, 초승달은 진보, 별은 광명과 지식을 나타낸다.

- 위치: 서남아시아
- 면적: 79.6만 ㎢
- 인구: 2억 명
- 수도: 이슬라마바드
- 통화 단위: 파키스탄 루피
- 주요 언어: 우르두어, 펀자브어
- 민 족: 인도 아리안족, 드라비다족, 터키 아리안족
- 주요 종교: 이슬람교
- 성립·독립 연월일: 1947. 8. 14.
- 1인당 GDP: 1,388달러
- 국제 연합 가입 연월: 1947. 9.
- 대한민국과 국교 수교일: 1983. 11. 7.

국장 제정일: 1956년 3월 23일

아랫부분에 우르두어·벵골어로「신뢰, 통일, 규율」이라는 표어 리본, 방패에 생산물인 목화, 차의 꽃, 보리, 황마를 국화인 재스민 화환으로 둘러싸고, 윗부분에 이슬람교의 상징인 별과 초승달을 배치하였다.

필리핀
Republic of the Philippines

나라꽃: 재스민
과명: 물푸레나뭇과
영명: Arabian jasmine
꽃말: 행복, 친절, 사랑의 맹세

국기 제정일: 1997년 9월 16일

흰 삼각형은 자유의 상징이며, 8가닥의 빛을 내는 태양은 1898년 에스파냐에 반란을 일으킨 8주를, 3개의 오각 별은 루손, 비사야, 민다나오의 주요 3개 섬을 나타낸다. 파랑은 평화와 정의, 빨강은 용기, 하양은 평등을 나타낸다. 1946년 7월 4일에 현재의 국기보다 짙은 파랑을 사용한 국기 아래에서 미국으로부터 독립을 하였지만, 1997년에 파랑을 옅게 했다. 전쟁 때에는 기의 위아래를 바꿔 빨강을 위에 두어 국민의 용기를 북돋웠다.

- 위치: 서태평양상 도서 국가
- 면적: 30만 ㎢
- 인구: 1억 1,000만 명
- 수도: 마닐라
- 통화 단위: 필리핀 페소
- 주요 언어: 필리핀어, 영어
- 민족: 말레이계, 중국·미국·에스파냐계 혼혈
- 주요 종교: 크리스트교(가톨릭)
- 성립·독립 연월일: 1946. 7. 4.
- 1인당 GDP: 3,295달러
- 국제 연합 가입 연월: 1945. 10.
- 대한민국과 국교 수교일: 1949. 3. 3.

국장 제정 연도: 1997년

방패에는 종주국이었던 에스파냐를 나타내는 빨간색 바탕에 노란 사자와 미국을 나타내는 파란색 바탕에 갈색 독수리, 국기와 똑같이 3개의 오각 별, 8가닥의 빛을 내뿜는 태양, 아래에 필리핀어로 국명을 쓴 하얀 리본을 배치하였다.

유럽

아이슬란드
레이캬비크

대서양

북해

바렌츠해
콜라반도
카닌반도

스웨덴
핀란드
노르웨이
오슬로
헬싱키
스톡홀름
탈린
에스토니아

발트해
오네가호
라도가호
러시아
모스크바

리가
라트비아
리투아니아
빌뉴스
민스크
벨라루스
볼가강

덴마크
코펜하겐

더블린
아일랜드
영국
런던
네덜란드
벨기에
브뤼셀
룩셈부르크
파리
프랑스

독일
베를린
폴란드
바르샤바
프라하
체코
슬로바키아
키예프
우크라이나
부다페스트
몰도바
키시너우

리히텐슈타인
오스트리아
스위스
슬로베니아
헝가리
루마니아
부쿠레슈티
칩카스산맥

크로아티아
산마리노
보스니아
헤르체고비나
세르비아
불가리아
흑해

안도라
모나코
안도라라베야
로마
몬테네그로
코소보
알바니아
북마케도니아
그리스

포르투갈
마드리드
에스파냐
이탈리아
야테네
리스본

몰타
발레타
지중해

그리스
Hellenic Republic, Greece

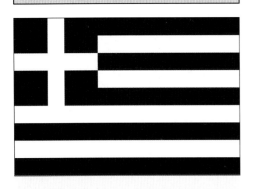

국기 제정일: 1978년 12월 22일

오스만 제국에 점령당해 있던 15세기 중반부터 이 나라의 크리스천은 투쟁의 상징으로 파랑, 하양으로 된 십자기를 사용해 왔다. 1822년 3월 15일에 이 상징을 왼쪽 상단에 넣은 국기를 채택하고, 1830년에 독립했다. 파랑은 바다와 하늘, 하양은 자유와 독립을 위하여 싸우는 국민의 순수함을 나타낸다. 9개의 줄무늬는 독립 전쟁 때 「자유인가 죽음인가」라는 승리의 함성의 9음절을 의미하며, 1978년 이후 9개의 줄무늬가 없는 국기는 사용하지 않게 되었다.

나라꽃: 향제비꽃
과명: 제비꽃과
영명: Sweet Violet
꽃말: 순진무구한 사랑

- 위치: 유럽 동남부, 발칸반도 남단
- 면적: 13.2만 ㎢
- 인구: 1,077만 명
- 수도: 아테네
- 통화 단위: 유로
- 주요 언어: 그리스어
- 민족: 그리스인, 기타 소수 민족
- 주요 종교: 크리스트교(그리스 정교)
- 성립·독립 연월일: 1830. 3. 25.
- 1인당 GDP: 19,974달러
- 국제 연합 가입 연월: 1945. 10.
- 대한민국과 국교 수교일: 1961. 4. 5.

국장 제정일: 1975년 6월 6일

국기의 왼쪽 상단과 똑같이 흰색 십자를 그린 파란색 방패형 문장이며, 주위에 승리를 나타내는 월계수 가지 화환을 배치하였다. 이 파랑, 하양 십자기는 19세기 오스만 제국으로부터 독립 투쟁할 때에 사용되었고, 또한 1975년부터 1978년까지는 육상용 국기로 사용되었는데, 당시에는 현재의 국기가 해상용 국기였다.

네덜란드
Kingdom of the Netherlands

나라꽃: 튤립
과명: 백합과
영명: Tulip
꽃말: 사랑의 고백, 명예, 명성

국기 제정일: 1937년 2월 19일

1568~1648년의 80년 전쟁에서, 네덜란드 병사는 지도자 오렌지공 윌리엄의 문장의 색인 오렌지색, 흰색, 파란색 기를 군기와 군함기로 사용했다. 1581년 성립된 네덜란드 연방 공화국을 구성하는 많은 주의 문장에 똑같은 색이 사용되었다. 오렌지색은 후에 해상에서 식별하기 어렵다는 이유로 빨강으로 바뀌었다. 빨강은 국민의 용기, 하양은 신앙심, 파랑은 충성심을 나타낸다.

- 위치 : 유럽 북서부 북해 연안, 벨기에 및 독일과 접경
- 면적: 4.2만 ㎢
- 인구: 1,720만 명
- 수도: 암스테르담
- 통화 단위: 유로
- 주요 언어: 네덜란드어
- 민족: 네덜란드족
- 주요 종교: 크리스트교(가톨릭, 개신교)
- 성립 · 독립 연월일: 1815. 3. 16.
- 1인당 GDP: 52,368달러
- 국제 연합 가입 연월: 1945. 12.
- 대한민국과 국교 수교일: 1961. 4. 4.

국장 제정일: 1907년 7월 10일

네덜란드 연방 공화국과 오렌지 - 나소 왕가의 문장을 조합한 것인데, 중앙에 단결과 힘을 나타내는 검과 화살 다발을 가진 사자를 그린 파란색 방패, 윗부분에 왕관, 방패 잡이에 2마리의 사자, 배후에 천막, 아랫 부분에 프랑스어로, "Je Maintiendrai(나는 옹호한다)"라고 쓰여 있는 표어 리본을 배치하였다. 화살 다발은 7개이며 독립 당시의 7주를 나타낸다.

노르웨이
Kingdom of Norway

나라꽃: 칼루나 불가리스
과명: 진달랫과
영명: Purple Heather
꽃말: 보호성

국기 제정일: 1821년 7월 17일

오랫동안 덴마크의 지배를 받아 그 국기를 사용해 왔지만, 1821년에 스웨덴의 지배를 받게 되자, 노르웨이는 흰색 십자 가운데에 파란색 십자를 넣은 빨간색 국기를 국기로 제정했다. 해상에서는 노르웨이 국기에 스웨덴의 상징을 넣을 것을 요구받고, 유니온 마크라고 불리는 양국 국기를 조합한 디자인이 되었지만, 1905년에 제거되었다. 빨강은 국민의 열정, 파랑은 바다와 국토, 하양은 눈을 나타낸다.

- 위치 : 북유럽 스칸디나비아반도 북서부
- 면적: 32.4만 ㎢
- 인구: 540만 명
- 수도: 오슬로
- 통화 단위: 크로네
- 주요 언어: 노르웨이어
- 민족: 노르웨이인
- 주요 종교: 크리스트교(루터 복음교)
- 성립 · 독립 연월일: 1905. 10. 26.
- 1인당 GDP: 77,975달러
- 국제 연합 가입 연월: 1945. 11.
- 대한민국과 국교 수교일: 1959. 3. 2.

국장 제정일: 1992년 12월 19일

빨간색 방패형 문장에는 중앙에 왕관을 쓴 금색 사자가 도끼를 가지고 뛰어오르며, 주위에 성 올라프 훈장, 윗부분에 왕관, 배후에 망토를 배치하였다.

덴마크
Kingdom of Denmark

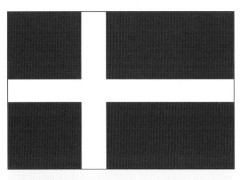

나라꽃: 붉은 토끼풀
과명: 콩과
영명: Red Clover
꽃말: 명랑한 마음, 행운, 평화

국장 제정일: 1972년 11월 16일
12세기의 크누트 덴마크 왕을 나타내는 왕관을 쓴 3마리의 파란색 사자와 9개의 빨간색 심장을 배치한 노란색의 방패형 문장으로, 윗부분에 왕관을 씌웠다.

국기 제정 연도: 1854년
전설에서는 「이 국기는 1219년 6월 국왕 발데마르 2세가 에스토니아와 싸울 때 하늘에서 내려왔다.」고 한다. 빨강은 신성 로마 제국 군기의 색이며 흰색 십자는 크리스트 교도를 나타낸다. 「단네브로」라고 불리며 세계의 국기 중에서도 오랜 역사를 가지고 있지만, 법제화는 덴마크가 프러시아와 싸운 1854년에 처음으로 이루어졌다. 이 기가 스칸디나비아 십자기의 모델이 되었다.

- 위치 : 북유럽, 북해와 발트해에 위치
- 면적: 4.3만 ㎢
- 인구: 580만 명
- 수도: 코펜하겐
- 통화 단위: 덴마크 크로네
- 주요 언어: 덴마크어
- 민족: 덴마크계
- 주요 종교: 크리스트교(루터 복음교)
- 성립 · 독립 연월일: –
- 1인당 GDP: 59,795달러
- 국제 연합 가입 연월: 1945. 10.
- 대한민국과 국교 수교일: 1959. 3. 11.

독일
Federal Republic of Germany

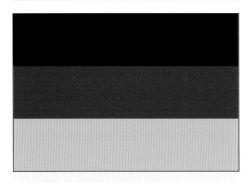

나라꽃: 수레국화
과명: 국화과
영명: Cornflower
꽃말: 행복, 황제의 꽃, 유쾌

국장 제정일: 1950년 1월 20일
머리가 하나인 검은 독수리를 배치한 금색의 방패형 문장이다. 머리가 하나인 검은 독수리가 신성 로마 황제의 상징이 된 것은 12세기의 프리드리히 1세 무렵이며, 그 후 15세기에 쌍두 독수리로 바뀌고, 1871년에 머리가 하나인 검은 독수리가 부활했다. 나치 시대에도 날개의 형태가 다른 머리가 하나인 검은 독수리를 문장에 사용했지만, 1950년에 현재의 형태가 되었다.

국기 제정일: 1949년 5월 23일
1848년 탄생한 독일 연방의 국기는 검정, 빨강, 금색의 가로 삼색기였지만, 1867년~1919년, 1935~1945년에는 다른 국기를 사용하였다. 동서 독일로 분단된 1949년에 다시 국기로서 이 가로 삼색기가 부활했다. 1959년~1990년 사이에 동독에서는 독자적인 국기를 사용하였지만, 1990년 10월 3일 동서 독일이 통일되어 다시 이 가로 삼색기가 통일 독일의 국기가 되었다. 검정은 근면과 힘, 빨강은 열혈, 금색은 명예를 나타낸다.

- 위치 : 유럽 중서부
- 면적: 35.7만 ㎢
- 인구: 8,300만 명
- 수도: 베를린
- 통화 단위: 유로
- 주요 언어: 독일어
- 민족: 게르만족, 터키계, 이탈리아계
- 주요 종교: 크리스트교(가톨릭, 개신교)
- 성립 · 독립 연월일: 1949. 5. 23.
- 1인당 GDP: 46,564달러
- 국제 연합 가입 연월: 1973. 9.
- 대한민국과 국교 수교일: 1883. 11. 26.

라트비아
Republic of Latvia

국기 제정 연도: 1920년
국기 부활일: 1990년 2월 27일

이 기에 대해 기술한 1279년의 책이 역사가인 재니스 그린버그에 의해 발견되었다. 1870년에 라트비아의 학생들이 중앙에 흰색 가로 줄무늬를 넣은 암적색의 이 기를 부활시키고, 1920년 러시아로부터의 독립을 선언했을 때에 제정되었다. 1940년 소련에 병합되어 기는 소멸되었다가 1991년에 독립하고 이 가로 3분할기가 부활했다. 암적색은 국토를 지키는 국민의 피, 하양은 성실함과 발트해를 나타낸다.

나라꽃: 옥스아이데이지
과명: 국화과
영명: Ox-eye Daisy
꽃말: 희망, 평화

- 위치: 발트해 동부 연안
- 면적: 6.5만 ㎢
- 인구: 190만 명
- 수도: 리가
- 통화 단위: 유로
- 주요 언어: 라트비아어
- 민족: 라트비아계, 러시아계, 벨라루스계
- 주요 종교: 크리스트교(루터 복음교, 가톨릭, 러시아 정교)
- 성립·독립 연월일: 1991. 8. 21.
- 1인당 GDP: 18,172달러
- 국제 연합 가입 연월: 1991. 9.
- 대한민국과 국교 수교일: 1991. 10. 14.

국장 제정일: 1990년 2월 27일

방패 윗부분에 역사적인 3개 공국의 통합을 나타내는 3개의 별, 방패잡이에 빨간색 사자와 흰색 그리핀(머리·앞발·날개는 독수리이고 몸통·뒷발은 사자인 상상의 동물), 아랫부분에 힘을 나타내는 떡갈나무 잎 화환과 국기의 색으로 된 리본, 방패 속에는 신생 국가를 나타내는 일출, 젬갈레 공국과 비제메 공국을 나타내는 검을 가진 흰색 그리핀과 쿠루제메 공국을 나타내는 빨간색 사자를 배치한 것이다.

러시아
Russian Federation

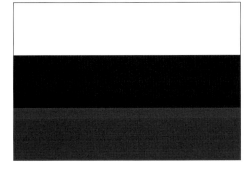

국기 제정 연도: 1705년
국기 부활일: 1993년 12월 11일

국기의 3색은 표트르 대제가 근대 국가의 규범으로 삼은 네덜란드 국기에서 유래하며, 1705년에 색의 순서를 하양, 파랑, 빨강으로 바꾸어 국기로 제정하고, 1917년의 러시아 혁명까지 사용되었다. 1922년 소련이 성립되고 낫, 망치, 별이 들어간 빨간색 기를 사용하였지만, 1991년 붕괴하여 빨간색 기는 소멸하고, 1993년 가로 삼색기가 부활했다. 많은 슬라브계 국가에서는 똑같이 3색을 국기에 채택하고 있다. 하양은 고귀와 솔직함, 파랑은 명예와 순수함, 빨강은 용기와 관대함을 나타낸다.

나라꽃: 해바라기
과명: 국화과
영명: Sunflower
꽃말: 동경, 믿음, 의지

- 위치: 북유라시아
- 면적: 1,710만 ㎢
- 인구: 1억 5,000만 명
- 수도: 모스크바
- 통화 단위: 루블
- 주요 언어: 러시아어
- 민족: 러시아인, 타타르인, 우크라이나인 및 140여 개 소수민족
- 주요 종교: 크리스트교(러시아 정교)
- 성립·독립 연월일: 1991. 12. 21.
- 1인당 GDP: 11,163달러
- 국제 연합 가입 연월: 1945. 10.
- 대한민국과 국교 수교일: 1990. 9. 30.

국장 제정일: 1993년 11월 30일

빨간색 방패형 문장으로, 가운데에는 윗부분에 왕관을 쓰고 십자가 붙은 보석과 지팡이를 들고 가슴에 빨간 방패를 품은 금색 쌍두 독수리, 가슴의 방패 가운데에는 13세기부터 모스크바 공국의 수호신인 백마에 올라타고, 용을 물리치고 있는 성 게오르그를 배치한 것이다.

루마니아
Romania

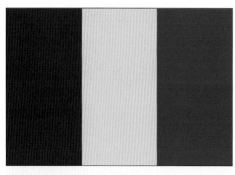

국기 제정일: 1989년 12월 27일

1861년에 당시의 영토였던 왈라키아의 노랑과 파랑, 몰다비아의 빨강과 파랑에서 유래하는 빨강, 노랑, 파랑의 가로 삼색기가 제정되고, 6년 뒤에 세로 삼색기가 되었다. 왕국 시대, 공산 정권 시대에는 노란색 줄무늬에 각각의 정권을 상징하는 문장이 추가되었지만, 1989년 12월 27일 공산 정권의 붕괴에 따라 문장이 없는 세로 삼색기가 다시 국기가 되었다. 파랑은 맑은 하늘, 노랑은 광물 자원, 빨강은 국민의 용기를 나타낸다.

나라꽃: 개장미
과명: 장미과
영명: Dog Rose
꽃말: 순수, 존경, 행복한 사랑

- 위치: 유럽 동남부, 헝가리, 세르비아, 불가리아, 우크라이나, 몰도바와 인접
- 면적: 23.8만 ㎢
- 인구: 1,950만 명
- 수도: 부쿠레슈티
- 통화 단위: 레우
- 주요 언어: 루마니아어
- 민족: 루마니아인, 헝가리인, 집시
- 주요 종교: 크리스트교(루마니아 정교)
- 성립 · 독립 연월일: 1877. 5. 10.
- 1인당 GDP: 12,483달러
- 국제 연합 가입 연월: 1955. 12.
- 대한민국과 국교 수교일: 1959. 3. 11.

국장 제정일: 2016년 6월 8일

십자가를 물고, 왈라키아의 성 미카엘의 지팡이와 몰다비아의 성 스테판의 검을 들고 왕관을 쓴 노란색 독수리, 방패 가운데는 윗부분 왼쪽에 왈라키아의 금색 독수리, 윗부분 오른쪽에 몰다비아의 소머리, 아랫부분 왼쪽에 바나트 오르데니아의 노란색 사자와 다리, 아랫부분 오른쪽에 트란실바니아의 검은 독수리, 아랫부분에 도브루자를 나타내는 돌고래를 배치한 것이다.

룩셈부르크
Grand Duchy of Luxembourg

국기 제정일: 1972년 8월 16일

룩셈부르크의 국기는 하양과 파랑의 가로 줄무늬를 배경으로 한 빨간색 사자를 그린 방패형 문장에서 유래한다. 1815년에는 빨강, 하양, 파랑의 가로 삼색기가 처음으로 사용되었고, 1967년 룩셈부르크가 네덜란드에서 독립했을 때도 국기로 인정되었다. 색에 특별한 의미는 없으며, 네덜란드 국기와 아주 비슷하지만 파란색이 옅다.

나라꽃: 장미
과명: 장미과
영명: Rose
꽃말: 아름다움, 사랑, 애정, 정절, 순결

- 위치: 유럽 서부, 북서부는 벨기에, 남부는 프랑스, 동부는 독일에 인접
- 면적: 2,586㎢
- 인구: 61만 명
- 수도: 룩셈부르크
- 통화 단위: 유로
- 주요 언어: 프랑스어, 독일어, 룩셈부르크어
- 민족: 룩셈부르크인, 독일인, 프랑스인
- 주요 종교: 크리스트교(가톨릭)
- 성립 · 독립 연월일: 1867. 1. 1.
- 1인당 GDP: 11,3196달러
- 국제 연합 가입 연월: 1945. 10.
- 대한민국과 국교 수교일: 1962. 3. 16.

국장 제정일: 1972년 8월 16일

룩셈부르크 대공가의 방패형 문장으로, 중앙에 방패, 윗부분에 대공작관, 배후에 망토, 방패잡이에 대공작관을 쓴 꼬리가 2개인 림부르그 사자, 방패 주위에 떡갈나무 관 훈장, 하양과 파랑의 가로 줄무늬 방패의 가운데에 대공작관을 쓴 빨간색 림부르그 사자를 배치한 것이다.

리투아니아
Republic of Lithuania

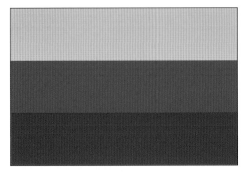

나라꽃: 운향
과명: 운향과
영명: Herb-of-grace
꽃말: 덕과 자비

국기 제정 연도: 1918년
국기 부활 연도: 1989년
국기 제정일: 2004년 9월 1일
이 국가의 전통적인 기는 백마 탄 기사를 그린 빨간색 기였지만, 1918년 리투아니아가 독립했을 때 노랑, 초록, 빨강의 새로운 기가 제안되어 같은해 11월 11일에 처음으로 게양되고, 1922년 정식으로 국기로 제정되었다. 1940년 소련에 가입하여 기는 소멸했지만, 1989년 소련으로부터 독립을 하여, 다시 이 가로 삼색기가 국기로 제정되었다. 노랑은 태양과 번영, 초록은 희망과 삼림, 빨강은 용기와 애국심을 나타낸다. 2004년 국기의 비율이 1 : 2에서 3 : 5로 바뀌었다.

- 위치: 발트해 동부 연안
- 면적: 6.5만 ㎢
- 인구: 280만 명
- 수도: 빌뉴스
- 통화 단위: 유로
- 주요 언어: 리투아니아어
- 민족: 리투아니아계, 폴란드계, 러시아계
- 주요 종교: 크리스트교(가톨릭)
- 성립 · 독립 연월일: 1991. 9. 6.
- 1인당 GDP: 19,267달러
- 국제 연합 가입 연월: 1991. 9.
- 대한민국과 국교 수교일: 1991. 10. 14.

국장 제정일: 1991년 9월 20일
빨간색 방패형 문장이며, 가운데는 백마에 올라타서 검과 파란색 방패를 휘두르는 기사가 그려져 있다. 이 노란색 이중 십자를 그린 파란색 방패는, 1386년 폴란드 여왕과의 결혼에 의해 가톨릭으로 개종한 리투아니아 대공국 요가일라공의 상징이다.

리히텐슈타인
Principality of Liechtenstein

나라꽃: 노란 백합
과명: 백합과
영명: Yellow Lily
꽃말: 유쾌

국기 제정일: 1982년 6월 30일
파랑과 빨강의 2색은 18세기 리히텐슈타인의 요제프 웬젤공의 수행원이 착용했던 제복에서 유래하며, 20세기에 처음으로 국기에 사용되었다. 이후 파랑과 빨강 두 가지 색의 가로 줄무늬로 구성되어 있는 기를 국기로 하고 있었지만, 1936년 베를린 올림픽 대회에서 아이티 국기와 혼동되어, 그것과 구별하기 위해 이듬해인 1937년에 파란색 줄무늬에 공작 관을 넣었다. 파랑은 하늘, 빨강은 가정의 화롯불, 노란색 공작 관은 이 국가가 공국이라는 것과 국민과의 일체감을 나타낸다.

- 위치: 유럽 중부 내륙, 스위스와 오스트리아의 접경
- 면적: 160㎢
- 인구: 3.9만 명
- 수도: 파두츠
- 통화 단위: 스위스 프랑
- 주요 언어: 독일어
- 민족: 독일계
- 주요 종교: 크리스트교(가톨릭)
- 성립 · 독립 연월일: 1866. 8. 24.
- 1인당 GDP: 139,100달러(2009)
- 국제 연합 가입 연월: 1990. 9.
- 대한민국과 국교 수교일: 1993. 3. 1.

국장 제정일: 1957년 6월 4일
윗부분에 공작 관, 뒤에 망토가 있는 방패형 문장으로, 윗부분 왼쪽에 실레지아를 나타내는 금색 땅에 검은 독수리, 윗부분 오른쪽에 작센의 금색과 검은색 가로 줄무늬에 초록색의 사선으로 놓인 관, 아랫부분 왼쪽에 트로파우 대공의 적백 세로 줄무늬, 아랫부분 오른쪽에 동프리슬란트의 금색 바탕에 여성의 얼굴을 가진 흑조, 아랫부분에 예겐도르프의 파란색 바탕에 금색 나팔, 중앙에 리히텐슈타인가 공작의 상징을 배치한 것이다.

모나코
Principality of Monaco

국기 제정일: 1881년 4월 4일

14세기에 고안된 국장의 방패 부분에 있는 마름모꼴의 빨강과 하양이 국기에 들어가 있다. 수세기에 걸쳐 중앙에 국장을 배치한 흰색 기를 국기로 사용해 왔지만, 이 기는 1881년 4월 4일에 정부 건물에 게양되는 것으로 사용이 제한되고, 국기는 빨강과 하양의 가로로 둘로 나뉜 기로 정해졌다. 이 두 색은 그리말디가의 문장의 색이며 특정한 의미는 없다.

나라꽃: 카네이션
과명: 석죽과
영명: Carnation
꽃말: 순정, 사랑, 감사, 열렬한 사랑

- 위치: 유럽 남부, 프랑스 남단 지중해 연안
- 면적: 2㎢
- 인구: 3.1만 명
- 수도: 모나코
- 통화 단위: 유로
- 주요 언어: 프랑스어
- 민족: 프랑스인, 이탈리아인, 모나코인
- 주요 종교: 크리스트교(가톨릭)
- 성립·독립 연월일: 1861. 1. 1.
- 1인당 GDP: 115,700달러(2015)
- 국제 연합 가입 연월: 1993. 5.
- 대한민국과 국교 수교일: 2007. 3. 20.

국장 제정일: 1858년 3월 15일

중앙에 그리말디가의 빨강과 하양의 마름모꼴 문장이며, 방패잡이에 검을 가진 2명의 프란시스코회 수도사, 윗부분에 공작관, 뒤에 망토, 아랫부분에 라틴어로 "Deo Juvante(신의 도움에 의해)" 라고 쓰여 있는 표어 리본을 배치한 것이다

몬테네그로
Montenegro

국기 제정일: 2004년 7월 12일

2006년 6월 3일 몬테네그로는 새로운 국가 연합이었던 세르비아·몬테네그로에서 몬테네그로 공화국으로 분리 독립하고, 미리 제정한 국기를 사용하게 되었다. 새 국기는 노란색 테두리가 있는 빨간색 기이며, 19세기에 당시의 몬테네그로 왕국이 오스만 제국과 싸울 때에 사용된 테두리가 있는 빨간색 군기를 바탕으로 한 기로, 중앙에 비잔틴 제국에서 유래하는 쌍두 독수리를 그린 새 국장을 배치한 국기이다. 2007년 10월 몬테네그로로 국명을 개칭했다.

몬테네그로 코토르(Kotor)의 전경

- 위치: 동남 유럽 발칸반도 중앙
- 면적: 14만 ㎢
- 인구: 62만 명
- 수도: 포드고리차
- 통화 단위: 유로
- 주요 언어: 몬테네그로어, 세르비아어, 보스니아어
- 민족: 몬테네그로계, 세르비아계, 보스니아계, 알바니아계
- 주요 종교: 크리스트교(세르비아 정교), 이슬람교
- 성립·독립 연월일: 2006. 6. 3.
- 1인당 GDP: 8,704달러
- 국제 연합 가입 연월: 2006. 6.
- 대한민국과 국교 수교일: 2006. 9. 4.

국장 제정일: 2004년 7월 12일

새 국장은 1910~1918년에 사용된 몬테네그로 왕국 니콜라 1세의 문장을 바탕으로 만들어졌다. 19세기의 페트로비치 녜고쉬 왕조의 초록색 대지 위에서 오른손을 올린 금색 사자를 그린 파란색 방패를 가슴에 품고, 손에 십자가가 붙은 파란색 보석과 금색 홀을 쥐고, 왕관을 쓴 금색 쌍두 독수리를 배치한 것이다.

몰도바
Republic of Moldova

몰도바 수도 키시너우의 몰도바 개선 아치

국장 제정일: 1990년 11월 3일

루마니아가 예전에 사용했던 왈라키아의 독수리가 노란색 십자가를 물고 가슴에 방패를 품고 있는 문장이다. 빨강과 파랑으로 위아래가 나누어진 방패에는 노란색 소의 머리, 장미, 초승달, 팔각별 등의 이 국가의 역사를 나타내는 디자인이 사용되었다. 파랑은 과거와 민주주의, 노랑은 현재와 전통, 빨강은 미래와 평등을 나타낸다.

국기 제정일: 1990년 5월 12일

이 기는 예전에 루마니아의 일부였기 때문에 언어, 문화도 루마니아와 같으며, 그 나라의 색인 파랑, 노랑, 빨강이 19세기부터 국기에 사용되어 왔다. 1940년 소련에 병합되어 있던 동안에는 빨간색 기 또는 빨간색과 초록색으로 된 기가 사용되었다. 독립 직전인 1990년에 파랑, 노랑, 빨강의 세로 삼색기 중앙에 국장이 그려진 것이 국기로 제정되었다.

- 위치: 흑해, 루마니아, 우크라이나 접경
- 면적: 3.4㎢
- 인구: 350만 명
- 수도: 키시너우
- 통화 단위: 레이
- 주요 언어: 몰도바어, 루마니아어, 러시아어
- 민족: 몰도바인, 우크라이나인, 러시아인, 가가우즈인
- 주요 종교: 크리스트교(몰도바 정교)
- 성립 · 독립 연월일: 1991. 8. 27.
- 1인당 GDP: 3300달러
- 국제 연합 가입 연월: 1992. 3.
- 대한민국과 국교 수교일: 1992. 1. 31.

몰타
Republic of Malta

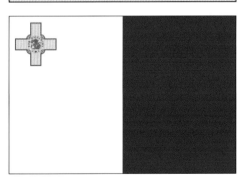

나라꽃: 분홍수레국화
과명: 국화과
영명: Maltese Centaury
꽃말: 행복, 행복감

국장 제정일: 1988년 10월 28일

국기와 똑같은 디자인을 방패에 넣고, 윗부분에 발레타 요새를 나타내는 성채 관, 양옆에 평화를 나타내는 올리브와 축복을 나타내는 야자나무 잎 화환, 아랫부분에 몰타어로 쓰여 있는 국명 리본을 배치한 것이다.

국기 제정일: 1964년 9월 21일

흰색과 빨간색 기의 사용은 16세기부터라고 기록되어 있지만, 11세기에 사라센으로부터 몰타를 해방시킨 시칠리아 왕국 루지에로 1세가 만들었다고도 한다. 깃대 쪽 윗부분에 성 조지 훈장을 그린 하양과 빨강의 세로로 둘로 나누어진 기이며, 이 훈장은 몰타가 나치 독일과 싸운 영예를 칭송하여 1942년 영국왕 조지 6세로부터 증여받았다. 하양은 신앙심, 빨강은 국민의 순수함을 나타낸다. 1943년부터 1964년의 독립까지는 지역 기에 파란 성 조지 훈장이 그려져 있었다.

- 위치: 남지중해 시칠리섬 남쪽 93㎞, 북아프리카 연안
- 면적: 316㎢
- 인구: 49만 명
- 수도: 발레타
- 통화 단위: 유로
- 주요 언어: 몰타어, 영어
- 민족: 몰타인
- 주요 종교: 크리스트교(가톨릭)
- 성립 · 독립 연월일: 1964. 9. 21.
- 1인당 GDP: 30,650달러
- 국제 연합 가입 연월: 1964. 12.
- 대한민국과 국교 수교일: 1965. 4. 2.

바티칸
State of the City of Vatican

나라꽃: 나팔나리
과명: 백합과
영명: Trumpet Lily
꽃말: 순결, 결백

국장 제정일: 1929년 6월 7일

교차되어 있는 금과 은의「베드로의 열쇠」는 사도 베드로가 예수한테 받은 그리스도의 대리자의 표시이며, 종교적이고 세속적인 양면에 걸친 교황의 힘을 나타낸다. 그 위의 3단의 교황의 관은 입법, 사법, 행정의 권력을 나타낸다. 원형은 예전부터 사용되고 있었으며, 14세기에 교황의 직위에 있던 클레멘스 6세의 것이 최초라고 한다.

국장 제정일: 1929년 6월 8일

예전에는 열쇠를 그린 흰색 기와 빨간색 기가 사용되었지만, 노란색과 흰색 기는 1825년에 로마 교황 레오 12세에 의해 채택되었다. 1929년 6월 8일 이탈리아와의 라테란 조약에 의해 독립 국가가 되어 바티칸 시국이 성립되었을 때, 노란색과 흰색의 세로 2색 기가 정식으로 국기로 제정되었다. 이 2색은 십자군 원정 시대, 예루살렘 왕국의 은색 방패에 금색 십자의 문장에서 유래한다. 흰색 바탕에는 국장의 중앙에 붉은색 끈이 두 개의 열쇠를 이어 주고 있는 도안이 그려져 있다.

- 위치: 이탈리아 로마 시내
- 면적: 0.44㎢
- 인구: 0.1만 명
- 수도: 바티칸
- 통화 단위: 유로
- 주요 언어: 라틴어, 프랑스어, 이탈리아어, 영어
- 민족: 이탈리아인
- 주요 종교: 크리스트교(가톨릭)
- 성립 · 독립 연월일: 1929. 2. 11.
- 1인당 GDP: –
- 국제 연합 가입 연월: –
- 대한민국과 국교 수교일: 1963. 12. 12.

벨기에
Kingdom of Belgium

나라꽃: 개양귀비
과명: 양귀비과
영명: Red Poppy
꽃말: 덧없는 사랑

국장 제정일: 1837년 5월 17일

중앙에 방패, 뒤에 왕의 권위를 나타내는 교차된 두 자루의 지팡이와 왕관, 주위에 벨기에의 최고 훈장인 레오폴드 훈장, 아랫부분에 프랑스어와 플라망어로「단결은 힘이 된다.」라고 쓰여 있는 표어 리본, 검은색 방패 가운데는 12세기의 브라반트공 문장에서 유래하는 브라반트 사자를 배치한 것이다.

국기 제정일: 1831년 1월 23일

검정, 노랑, 빨강의 3색은 벨기에의 브라반트주의 방패의 색에서 유래하는데, 13세기 초에 고안된 이 방패에는 검은 대지에 빨간 혀를 내민 금색 사자가 그려져 있었다. 1787년, 오스트리아의 지배에 반란을 일으켰을 때에 검정, 노랑, 빨강의 꽃 모양 모표를 이용해 싸우고, 1830년에 다시 꽃 모양 모표를 이용해 네덜란드로부터의 독립운동이 일어나고, 이듬해인 1831년에 이 색에서 유래하는 세로 삼색기가 국기로 제정되었다. 검정은 힘, 노랑은 충실, 빨강은 승리를 나타낸다.

- 위치: 북부는 북해와 네덜란드, 동부는 독일과 룩셈부르크, 남부는 프랑스와 인접
- 면적: 3.1만 ㎢
- 인구: 1,150만 명
- 수도: 브뤼셀
- 통화 단위: 유로
- 주요 언어: 네덜란드어, 프랑스어, 독일어
- 민족: 플라망족, 왈롱족
- 주요 종교: 크리스트교(가톨릭)
- 성립 · 독립 연월일: 1830. 10. 4.
- 1인당 GDP: 45,176달러
- 국제 연합 가입 연월: 1945. 12.
- 대한민국과 국교 수교일: 1961. 5. 2.

벨라루스
Republic of Belarus

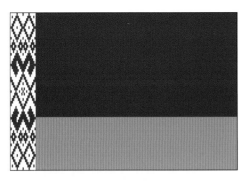

나라꽃: 야생 블루 아마
과명: 아마과
영명: Wild Blue Flax

국장 제정일: 1995년 6월 7일
원형 문장으로, 중앙에 지구, 태양 광선, 벨라루스 전도, 빨간색 오각 별, 양옆에 호밀 이삭, 토끼풀의 꽃과 아마 꽃, 아랫부분에 국명이 쓰여 있는 리본을 배치하였다.

국기 제정일: 2012년 2월 20일
1991년에 소련에서 벨라루스 공화국으로 독립했다. 독립 당시에는 제1차 세계 대전 후 사용하고 있던 기를 국기로 다시 사용하고 있었지만, 1995년 망치, 낫과 별을 제거한 소련 시대의 기가 다시 등장했다. 빨간색과 초록색의 가로로 둘로 나누어진 기로, 빨강은 과거의 싸움, 초록은 희망과 삼림을 나타낸다. 깃대 쪽 가까이에 흰색 바탕에 빨간색의 전통적인 민족의상에 쓰이는 무늬가 그려져 있다. 2012년에 전통 문양이 수정되었다.

- 위치: 동부 유럽, 러시아, 우크라이나, 폴란드. 리투아니아, 라트비아 접경
- 면적: 20.8만 ㎢
- 인구: 950만 명
- 수도: 민스크
- 통화 단위: 벨라루스 루블
- 주요 언어: 벨라루스어, 러시아어
- 민족: 벨라루스계, 러시아계, 폴란드계
- 주요 종교: 크리스트교(러시아 정교, 가톨릭)
- 성립·독립 연월일: 1991. 7. 27.
- 1인당 GDP: 6,604달러
- 국제 연합 가입 연월: 1945. 10.
- 대한민국과 국교 수교일: 1992. 2. 10.

보스니아 헤르체고비나
Bosnia and Herzegovina

나라꽃: 보스니아 백합
과명: 백합과
영명: Golden Lily
꽃말: 내리사랑

국장 제정일: 1998년 5월 20일
옛 국장에서 은색의 사선 무늬와 6개의 노란색 백합화를 빼고, 국기보다 2개가 적은 7개의 흰색 오각 별을 넣은 파란색 방패형 문장이다. 윗부분에는 왕관, 장식품, 양옆에 동물 등이 붙어 있지 않은 단순한 스위스 형태의 문장이다.

국기 제정일: 1998년 2월 4일
1992년 3월 유고슬로비아로부터 독립하고 새로운 국기를 제정했지만, 국내의 세르비아인과 크로아티아인에게 거절되었다. 수년간의 내전 후 평화 협정이 체결되고, 1998년 새로운 국기가 제정되었다. 파랑과 노랑과 별은 유럽 연합(EU)의 기에서 유래하며, 삼각형은 국토와 주요 세르비아인, 크로아티아인, 보스니아인 세 민족의 화합과 공존, 노랑은 희망을 나타낸다. 1998년 2월 7일 나가노 동계 올림픽 개회식에서 처음으로 게양되었다.

- 위치: 남동유럽 발칸반도 서부
- 면적: 5.1만 ㎢
- 인구: 350만 명
- 수도: 사라예보
- 통화 단위: 태환 마르카
- 주요 언어: 보스니아어, 세르비아어, 크로아티아어
- 민족: 보스니아계, 세르비아계, 크로아티아계
- 주요 종교: 이슬람교, 크리스트교(세르비아 정교, 가톨릭)
- 성립·독립 연월일: 1992. 3. 1.
- 1인당 GDP: 5,742달러
- 국제 연합 가입 연월: 1992. 5.
- 대한민국과 국교 수교일: 1995. 12. 15.

북마케도니아
Republic of North Macedonia

국기 제정일: 1995년 10월 5일

1945~1991년 사이의 유고슬라비아를 구성한 공산 정권 시대에는 빨간색과 노란색 기가 채택되었다. 1992년 독립 후, 노란 빛을 그린 빨간색 기를 국기로 제정했지만, 그리스로부터 「이 기는 슬라브가 아니라 그리스의 상징이다.」라고 강경하게 항의를 받고, 1995년에 새 국명과 함께 새 국기를 채택했다. 중앙에 8가닥의 빛을 발하는 노란색 태양을 그린 빨간색 기이며, 빨강은 자유와 진보를 추구하는 싸움, 노란색 태양은 생명, 기쁨을 나타낸다.

나라꽃: 양귀비
과명: 양귀비과
영명: Opium Poppy
꽃말: 위로, 망각

- 위치: 발칸반도 북부
- 면적: 2.6만 ㎢
- 인구: 210만 명
- 수도: 스코페
- 통화 단위: 마케도니아 디나르
- 주요 언어: 마케도니아어, 알바니아어
- 민족: 마케도니아계, 알바니아계, 터키계, 집시, 세르비아계
- 주요 종교: 크리스트교, 이슬람교
- 성립 · 독립 연월일: 1991. 11. 20.
- 1인당 GDP: 6,096달러
- 국제 연합 가입 연월: 1993. 4.
- 대한민국과 국교 수교: 실질 협력 관계 유지

국장 제정일: 2009년 11월 16일

오랫동안 공산 정권 시대의 국장을 사용해 왔지만, 2009년에 공산 정권의 상징인 윗부분의 빨간색 오각 별을 제거했다. 중앙에 코라프산, 바르다르강, 오흐리드호, 태양 같은 마케도니아의 풍경, 주위에 리본으로 묶은 보리 이삭, 담배, 양귀비 화환을 배치한 것이다. 국장 전체에 국가의 힘과 자유를 표현하고 있다.

불가리아
Republic of Bulgaria

국기 제정일: 1990년 11월 27일

1878년, 오스만 제국에서 불가리아 공국으로 독립한 이듬해 4월 16일에 하양, 초록, 빨강의 가로 삼색기가 정식으로 국기가 되었다. 독립을 지원한 러시아에 경의를 표하여, 러시아 국기의 하양, 파랑, 빨강에서 파랑을 초록으로 바꾸었다. 하양은 평화와 자유, 초록은 농업과 삼림, 빨강은 군대의 용기와 투쟁을 나타낸다. 제2차 세계 대전 후 사회주의 체제가 성립되었지만, 1989년에 붕괴되고 1990년에 공화국이 되었다. 현재의 국기는 흰색 줄무늬에 붙어 있던 공산주의의 상징을 제거한 것이다.

나라꽃: 장미
과명: 장미과
영명: Rose
꽃말: 애정, 아름다움, 정절, 순결, 사랑

- 위치: 유럽 동남부, 발칸반도의 동부
- 면적: 11.1만 ㎢
- 인구: 700만 명
- 수도: 소피아
- 통화 단위: 레프
- 주요 언어: 불가리아어
- 민족: 불가리아인, 터키인, 집시
- 주요 종교: 크리스트교(불가리아 정교), 이슬람교
- 성립 · 독립 연월일: 1908. 9. 22.
- 1인당 GDP: 9,518달러
- 국제 연합 가입 연월: 1955. 12.
- 대한민국과 국교 수교일: 1990. 3. 23.

국장 제정일: 1997년 7월 31일

중앙에 왕관을 쓴 금색 사자를 배치한 빨간색 방패, 방패잡이에 2마리의 사자, 윗부분에 6개의 십자가를 붙인 14세기의 이반 · 시스만국의 왕관, 아랫부분에는 떡갈나무 가지와 불가리아어로 "Saedinenieto Pravi Silata(단결은 힘이 된다.)"라고 쓰여 있는 표어 리본을 배치한 것이다. 3마리의 사자는 모이시아, 트라키아, 마케도니아를 나타낸다.

산마리노
Republic of San Marino

나라꽃: 시클라멘
과명: 앵초과
영명: Cyclamen
꽃말: 질투, 수줍음, 내성적

국장 제정일: 2011년 7월 22일
타조의 깃뿌리를 붙인 산마리노시의 3개의 탑이 그려 있고, 양옆에는 월계수와 떡갈나무 가지 화환을 배치했다. 아랫부분에는 나라의 표어인 「자유」라고 쓰여 있는 리본이 있으며, 산마리노가 자유를 구하여 피난해 온 난민을 받아들여 온 사실을 나타낸다. 국장은 2011년에 수정되어 공화국이면서 주권의 상징으로서 왕관이 윗부분에 놓여 있다.

국기 제정일: 2011년 7월 22일
1263년 독자적인 헌장을 정한 세계 최고의 공화국이며, 프랑스 혁명 때에 처음으로 흰색과 파란색으로 된 기를 사용했다. 하양은 티타노산에 걸려 있는 구름, 파랑은 하늘을 나타낸다. 국기 중앙에 국장이 그려져 있다.

- **위치:** 유럽 남부, 이탈리아 중부 내륙
- **면적:** 61㎢
- **인구:** 3.4만 명
- **수도:** 산마리노
- **통화 단위:** 유로
- **주요 언어:** 이탈리아어
- **민족:** 산마리노인, 이탈리아인
- **주요 종교:** 크리스트교(가톨릭)
- **성립 · 독립 연월일:** 301. 9. 3.
- **1인당 GDP:** 47,280달러
- **국제 연합 가입 연월:** 1992. 3.
- **대한민국과 국교 수교일:** 2000. 9. 25.

세르비아
Republic of Serbia

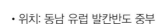

나라꽃: 은방울꽃
과명: 백합과
영명: Lily of the Valley
꽃말: 희망, 행복

국장 제정일: 2010년 11월 11일
상부에 왕관, 뒤에 망토가 있는 빨간색 방패형 문장으로 방패의 상부에 왕관, 가운데에는 예전부터 세르비아의 상징으로 사용되어 온 글과 흰색 십자를 그린 빨간색 방패를 가슴에 품고, 발 밑에는 2개의 백합꽃을 배치한 흰색의 쌍두 독수리가 그려져 있다. 쌍두 독수리는 몬테네그로의 국장에도 사용되고 있다.

국기 제정일: 2010년 11월 11일
2006년 6월 세르비아 · 몬테네그로에서 몬테네그로 공화국이 분리 독립하고, 2004년에 제정된 공화국 국기가 6월 5일 정식으로 국기가 되었다. 범슬라브색인 빨강, 파랑, 하양의 가로 삼색기로 원래는 12세기 비잔틴 제국의 상징인 4개의 C로 이루어지는 글과 흰색 십자가 들어간 빨간색 방패를 가진 쌍두 독수리의 약식 국장이 깃대 쪽 가까이에 들어 있다. 2010년에 국기의 색을 수정하여, 짙은 파랑으로 바꾸었다.

- **위치:** 동남 유럽 발칸반도 중부
- **면적:** 7.7만 ㎢
- **인구:** 700만 명(코소보 인구 포함)
- **수도:** 베오그라드
- **통화 단위:** 디나르
- **주요 언어:** 세르비아어
- **민족:** 세르비아인, 헝가리인, 보스니아인
- **주요 종교:** 크리스트교(세르비아 정교)
- **성립 · 독립 연월일:** 1992. 4. 27.
- **1인당 GDP:** 7,398 달러
- **국제 연합 가입 연월:** 2000. 11.
- **대한민국과 국교 수교일:** 1989. 12. 27.

스웨덴
Kingdom of Sweden

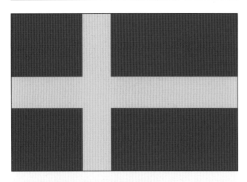

나라꽃: 린네풀
과명: 인동과
영명: Northern Twinflower
용도: 관상용

국기 제정일: 1906년 6월 22일

국기의 색은 다르지만 수 세기에 걸쳐 싸운 덴마크의 국기를 모델로 하여, 적어도 12세기부터 사용되고 있다. 파랑과 노랑은 스웨덴 왕실 문장에서 취한 것이다. 현재의 국기는 노르웨이가 스웨덴에서 분리 독립할 때, 공통의 국기를 폐지한 1906년에 제정되었다. 파랑은 하늘, 노랑은 국교인 크리스트교를 의미함과 동시에 자유와 독립을 나타낸다.

- 위치 : 북유럽, 스칸디나비아반도 동부
- 면적: 45만 ㎢
- 인구: 1,030만 명
- 수도: 스톡홀름
- 통화 단위: 크로나
- 주요 언어: 스웨덴어
- 민족: 스웨덴인
- 주요 종교: 크리스트교(루터 복음교)
- 성립 · 독립 연월일: 1523. 6. 6.
- 1인당 GDP: 51,242달러
- 국제 연합 가입 연월: 1946. 11.
- 대한민국과 국교 수교일: 1959. 3. 11.

국장 제정일: 1908년 5월 15일

중앙에 방패, 방패잡이에 왕관을 씌운 두 마리의 사자, 윗부분에 왕관, 배후에 망토, 아랫부분에 천사 훈장, 방패 가운데에는 스웨덴을 나타내는 3개의 왕관, 폴쿵 왕가를 나타내는 비스듬한 세 줄의 띠 위의 사자, 작은 방패에는 바사 왕가를 나타내는 보리 다발과 베르나도테 왕가를 나타내는 독수리와 다리, 밑 부분에 세라핌 훈장을 배치한 것이다.

스위스
Swiss Confederation

나라꽃: 에델바이스(솜다리)
과명: 국화과
영명: Edelweiss
꽃말: 소중한 추억

국기 제정 연도: 1848년

신성 로마 제국의 군기는 신에게 봉사한다는 의미를 나타내는 흰색 십자를 그린 빨간색 기를 자주 사용했다. 이 기는 1240년 스위스 연방 건국 당시의 3주의 하나인 슈비츠주에 신성 로마 제국의 황제 프리드리히 2세가 하사한 것인데, 이것을 기초로 현재의 국기가 1889년에 제정되었다. 십자를 구성하는 4개의 부문은 직사각형으로, 긴 변은 1/6 만큼 길다. 빨강은 주권, 하양은 크리스트교 정신을 나타낸다. 배에는 세로와 가로 비율 2 : 3의 기를 사용한다.

- 위치: 유럽 중부 내륙, 독일, 프랑스, 이탈리아, 오스트리아 및 리히텐슈타인과 접경
- 면적: 4.1만 ㎢
- 인구: 850만 명
- 수도: 베른
- 통화 단위: 스위스 프랑
- 주요 언어: 독일어, 프랑스어, 이탈리아어, 로망슈어
- 민족: 독일계, 프랑스계, 이탈리아계
- 주요 종교: 크리스트교(가톨릭, 개신교)
- 성립 · 독립 연월일: 1648. 8. 1.
- 1인당 GDP: 83,717달러(2013)
- 국제 연합 가입 연월: 2002. 9.
- 대한민국과 국교 수교일: 1963. 2. 11.

국장 제정일: 1889년 12월 12일

중앙에 흰색 십자를 그린 빨간색 방패형 문장이다. 국장에 한정되지 않고 주의 문장에도 모든 방패 위에 왕관과 장식품, 또한 양옆에 동물 등의 방패잡이가 들어 있지 않은 방패형 문장이 스위스 문장의 특징이다.

슬로바키아
Slovak Republic

나라꽃: 장미
과명: 장미과
영명: Rose
꽃말: 애정, 아름다움, 청결, 순결

국장 제정일: 1990년 3월 1일
전통적인 헝가리의 디자인 「초록색의 세 개의 산봉우리 위에 있는 흰색의 이중 십자」를 「파란색의 세 개의 산봉우리」로 바꾼 것이 19세기에 고안되었다. 세 개의 산봉우리는 국가의 상징인 타트라산맥, 파트라산맥, 마트러산맥을 나타낸다.

국기 제정일: 1992년 9월 1일
10세기 초부터 약 1000년간 헝가리의 지배하에 들어갔다. 1848년 당시 상부 헝가리라고 불린 슬로바키아인들은 하양, 파랑, 빨강의 범슬라브색을 기로 선택했다. 제2차 세계 대전 중을 제외하고 1918~1992년까지 체코슬로바키아로서 체코와 통일 국가를 형성했다. 1992년에는 다음해의 분리 독립을 예상하고 하양, 파랑, 빨강의 삼색기에, 러시아 국기와 구별하기 위해 국장을 넣은 국기를 제정했다.

- 위치: 유럽 중동부, 체코, 폴란드, 오스트리아, 헝가리, 우크라이나와 접경
- 면적: 4.9만 km²
- 인구: 550만 명
- 수도: 브라티슬라바
- 통화 단위: 유로
- 주요 언어: 슬로바키아어, 헝가리어
- 민족: 슬로바키아인, 헝가리인, 집시
- 주요 종교: 이슬람교, 크리스트교
- 성립 · 독립 연월일: 1993. 1. 1.
- 1인당 GDP: 19,548달러
- 국제 연합 가입 연월: 1993. 1.
- 대한민국과 국교 수교일: 1993. 1. 1.

슬로베니아
Republic of Slovenia

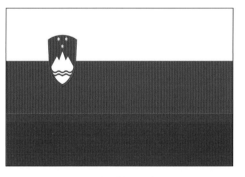

나라꽃: 카네이션
과명: 석죽과
영명: Carnation
꽃말: 순정, 사랑, 감사, 열렬한 사랑

국장 제정일: 1991년 6월 24일
남 알프스의 한 봉우리인 트리글라브산과 파란색 하늘에 노란색 3개의 육각 별을 그린 방패형 문장이다. 두 개의 물결 모양의 파란 선은 슬로베니아의 해안을 나타내며, 3개의 육각 별은 첼레 백작의 문장에서 유래한 것이다.

국기 제정일: 1991년 6월 27일
슬로베니아의 전통적인 문장에 쓰인 하양, 파랑, 빨강의 3색은 1699년에 러시아 국기가 만들어진 이후 슬라브 민족의 색(범슬라브 색)이 되어, 19세기 초부터 국기에 사용되어 왔다. 제2차 세계 대전 후에는 유고슬로비아 연방의 1공화국이 되었지만, 1991년 6월 25일에 슬로베니아 공화국으로 독립했을 때 새롭게 상부에 넣은 하양, 파랑, 빨강의 가로 삼색기가 되었다.

- 위치: 유럽 아드리아해 북동부, 이탈리아, 오스트리아, 헝가리, 크로아티아와 접경
- 면적: 2만 km²
- 인구: 210만 명
- 수도: 류블랴나
- 통화 단위: 유로
- 주요 언어: 슬로베니아어
- 민족: 슬로베니아계, 세르비아계, 크로아티아계
- 주요 종교: 크리스트교(가톨릭)
- 성립 · 독립 연월일: 1991. 6. 25.
- 1인당 GDP: 26,170달러
- 국제 연합 가입 연월: 1992. 5.
- 대한민국과 국교 수교일: 1992. 11. 18.

아이슬란드
Republic of Iceland

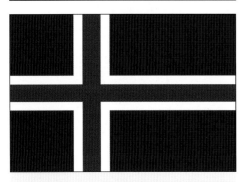

국기 제정일: 1944년 6월 17일

수 세기에 걸쳐 덴마크의 지배를 받아 독자적인 기를 갖고 있지는 않았지만, 1915년에 아이슬란드 전통 색인 파랑과 하양에 덴마크 국기의 빨강과 하양을 조합한 스칸디나비아 십자 기의 사용이 승인되었다. 1944년 아이슬란드 공화국으로 독립하고 이 기가 국기로 제정되었다. 파랑은 나라를 둘러싸고 있는 바다, 빨강은 활화산과 용암, 하양은 빙산과 눈을 나타낸다.

나라꽃: 담자리꽃나무
과명: 장미과
영명: Mountain Avens
꽃말: 그 사랑에 눈을 떼지 마.

- 위치: 북유럽, 북대서양의 섬
- 면적: 10.3만 ㎢
- 인구: 36만 명
- 수도: 레이캬비크
- 통화 단위: 아이슬란드 크로나
- 주요 언어: 아이슬란드어, 덴마크어, 영어, 독일어
- 민족: 노르웨이 바이킹족, 아일랜드 · 스코틀랜드 켈트족
- 주요 종교: 크리스트교(루터 복음교)
- 성립 · 독립 연월일: 1944. 6. 17.
- 1인당 GDP: 67,037달러
- 국제 연합 가입 연월: 1946. 11.
- 대한민국과 국교 수교일: 1962. 10. 10.

국장 제정일: 1944년 6월 17일

중앙에 국기와 똑같이 디자인된 방패, 방패잡이에는 민화 전설에서 유래하는 나라를 지키는 정신을 나타내는 들소와 거인, 윗부분에는 큰 독수리와 용, 방패 아래에는 암초로 둘러싸인 아이슬란드의 해안선을 나타내는 암석을 배치한 것이다.

아일랜드
Ireland

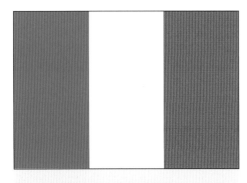

국기 제정일: 1937년 12월 29일

수 세기에 걸쳐 금색 하프를 중앙에 그린 초록색기가 비공식적으로나마 국가의 상징으로 사용되어 왔다. 초록은 켈트족의 전통, 오렌지색은 오렌지공 윌리암 지지자, 하양은 평화를 나타낸다. 이 기는 1848년에는 영국으로부터의 독립운동의 상징이 되었지만, 1917년까지는 국기로서의 공식 사용은 허가되지 않았다. 1949년 에이레에서 아일랜드로 개칭했다.

나라꽃: 토끼풀
과명: 콩과
영명: White Clover
꽃말: 소중한 추억

- 위치: 영국 서부
- 면적: 7만 ㎢
- 인구: 500만 명
- 수도: 더블린
- 통화 단위: 유로
- 주요 언어: 영어, 아일랜드어
- 민족: 아일랜드인
- 주요 종교: 크리스트교(가톨릭)
- 성립 · 독립 연월일: 1922. 12. 6.
- 1인당 GDP: 77,771달러
- 국제 연합 가입 연월: 1955. 12.
- 대한민국과 국교 수교일: 1983. 10. 4.

국장 제정일: 1945년 11월 9일

금색의 하프를 배치한 파란색 방패형 문장으로, 헨리 8세가 처음으로 하프 모양을 사용했다고 하며, 1586년 엘리자베스 1세가 왕관이 붙은 하프를 나라의 상징으로 왕국 문장에 넣었다. 이 하프는 브라이언 보루 하프라고 불리며, 모델은 더블린시 트리니티대학 박물관에 보존되어 있다.

안도라
Principality of Andorra

나라꽃: 수선화
과명: 수선화과
영명: Narcissus
꽃말: 신비, 자존

국장 제정일: 1996년 6월 20일
에스파냐의 위르젤 주교를 나타내는 주교관과
지팡이, 푸아가와 카탈루냐를 나타내는 빨강과
노랑의 세로 줄무늬, 베아룽(프랑스의 옛 주)을
나타내는 빨간 소가 그려져 있고, 아랫부분에는
라틴어로 국가의 표어인 "Virtvs Vnita Fortior
(단결은 힘이다)" 가 쓰여 있다.

국기 제정일: 1996년 6월 20일
이 국기는 1866년의 고안이라고 하는데, 언제부
터 사용되었는지는 자세히 알 수 없다. 1993년에
독립할 때까지 이 나라는 에스파냐의 위르젤 주
교와 프랑스가 공동으로 주권을 갖는 공공 영토
로, 1996년 6월에 국장의 규격이 정해지기 전에
는 몇 종류의 국장이 있었다. 파랑은 프랑스,
빨강은 에스파냐, 노랑은 가톨릭교회를 나타낸
다. 세로 줄무늬의 비율은 32 : 36 : 32로 노랑의
폭이 넓다.

- 위치: 서유럽, 에스파냐와 프랑스 사이에 위치
- 면적: 468 ㎢
- 인구: 8.6만 명
- 수도: 안도라라베야
- 통화 단위: 유로
- 주요 언어: 카탈루냐어, 에스파냐어, 프랑스어
- 민족: 에스파냐인, 안도라인, 포르투갈인,
  프랑스인
- 주요 종교: 크리스트교(가톨릭)
- 성립 · 독립 연월일: 1278. 9. 8.
- 1인당 GDP: 49,900달러(2015)
- 국제 연합 가입 연월: 1993. 7.
- 대한민국과 국교 수교일: 1995. 2. 23.

알바니아
Republic of Albania

나라꽃: 붉은양귀비
과명: 양귀비과
영명: Opium poppy
꽃말: 위로

국장 제정일: 2002년 7월 31일
국기와 마찬가지로 검은 쌍두 독수리를 방패에
넣고, 윗부분에 15세기에 오스만 제국군을 격
파한 알바니아의 영웅 스칸데르베그의 산양 뿔
이 달린 전투용 헬멧을 배치하였다.

국기 제정일: 1992년 4월 7일
15세기에 영웅 스칸데르베그가 오스만 제국군과
싸울 때에, 사용했던 빨간색 기에 쌍두 독수리가
그려져 있었다. 19세기 후반 미국 및 서유럽으로
이주한 알바니아인이 이 기를 부활시키고, 1912
년 1월 28일 독립을 선언할 때 공식적으로 국기
로 채택되었다. 정권이 바뀔 때마다 쌍두 독수리
머리 위에 특별한 디자인을 추가해 왔는데, 1992
년 공산주의의 붕괴와 함께 빨간색 오각 별이 제
거되고 독립 당시의 국기로 돌아갔다.

- 위치: 유럽 동남부 발칸반도 서북부
- 면적: 2.9만 ㎢
- 인구: 290만 명
- 수도: 티라나
- 통화 단위: 레크
- 주요 언어: 알바니아어
- 민족: 알바니아계, 그리스계
- 주요 종교: 이슬람교(시아파, 수니파)
- 성립 · 독립 연월일: 1944. 11. 29.
- 1인당 GDP: 5,373달러
- 국제 연합 가입 연월: 1955. 12.
- 대한민국과 국교 수교일: 1991. 8. 22.

에스토니아
Republic of Estonia

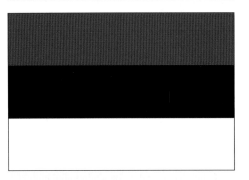

국기 제정 연도: 1918년
국기 부활일: 1990년 8월 7일

국기의 파랑은 하늘, 검정은 국토, 하양은 자유에 대한 소망을 나타낸다. 이 기는 러시아 제국 당시의 영토였던 에스토니아의 학생 조직인 "Vironia"가 고안했다. 1918년부터 1940년에는 독립 국가 에스토니아의 국기로 사용되었으며, 1940년에 소련에 가입했다. 1988년에 다시 이 기가 부활되고, 소련으로부터 독립을 회복하기 1년 전인 1990년 다시 국기로 채택되었다.

나라꽃: 수레국화
과명: 국화과
영명: Cornflower
꽃말: 행복

- 위치: 발트해 동부
- 면적: 4.5만 km²
- 인구: 130만 명
- 수도: 탈린
- 통화 단위: 유로
- 주요 언어: 에스토니아어
- 민족: 에스토니아인, 러시아인
- 주요 종교: 크리스트교(루터 복음교, 러시아 정교)
- 성립·독립 연월일: 1991. 8. 20.
- 1인당 GDP: 23,524달러
- 국제 연합 가입 연월: 1991. 9.
- 대한민국과 국교 수교일: 1991. 10. 17.

국장 제정일: 1990년 10월 16일

중앙에 3마리의 파란색 사자를 그린 금색의 방패, 주위를 떡갈나무 잎 화환으로 둘러싼 것이다. 떡갈나무 잎은 국력과 자유, 사자는 용기를 나타낸다. 이 문장은 덴마크 왕 발데마르 2세가 에스토니아의 탈린을 통치했던 12세기에 만들어졌다. 덴마크 국장에도 똑같이 3마리의 사자가 배치되어 있다.

에스파냐
Kingdom of España

국기 제정일: 1981년 12월 19일

1785년, 에스파냐 국왕 카를로스 3세는 중앙에 국장을 넣은 그때까지의 백기 해군기 대신에, 에스파냐 각지에서 사용되고 있던 문장의 색「노랑과 빨강」의 가로 줄무늬기에 국장을 그린 해군기를 채택했다. 그 후 200년 동안에 국장의 디자인이 변화되어, 1981년에 현재의 국장이 되었지만, 기의 기본형은 변하지 않았다. 빨강은 조상의 용기, 노랑은 부를 나타낸다.

나라꽃: 카네이션
과명: 석죽과
영명: Carnation
꽃말: 모정, 사랑

- 위치: 유럽 대륙 서남부 이베리아반도
- 면적: 50.5만 km²
- 인구: 4,670만 명
- 수도: 마드리드
- 통화 단위: 유로
- 주요 언어: 에스파냐어
- 민족: 라틴족
- 주요 종교: 크리스트교(가톨릭)
- 성립·독립 연월일: 1469. 10. 19.
- 1인당 GDP: 29,961달러
- 국제 연합 가입 연월: 1955. 12.
- 대한민국과 국교 수교일: 1950. 3. 17.

국장 제정일: 1981년 12월 19일

왕관과 카스티야(빨간색 바탕에 노란색 성), 레온(흰색 바탕에 적자색 사자), 아라곤(노란색 바탕에 빨간색 줄무늬), 그라나다(흰색 바탕에 빨간색 석류), 나바라(빨간색 바탕에 노란색 쇠사슬), 부르봉(파란색 원에 노란색 백합꽃)을 나타내는 디자인과 헤라클레스의 기둥이 그려져 있고, 기둥에는 라틴어로 "Plvs Vltra(보다 먼 세계로)" 라고 쓰여 있는 표어 리본이 배치되어 있다.

영국
United Kingdom of Great Britain and Northern Ireland

국기 제정일: 1801년 1월 1일

세계에서 가장 유명하며 폭넓게 사용되고 있는 기「영국 국기=유니언 잭」는, 13세기에 이미 사용되었던 잉글랜드의 성 조지 기와, 14세기에 사용되었던 스코틀랜드의 성 앤드루 기가 1606년에 조합되고, 다시 1801년에 아일랜드의 성 패트릭 기가 조합되어 완성되었다.

나라꽃: 튜더 장미
과명: 장미과
영명: Tudor Rose
꽃말: 애정, 아름다움, 사랑, 정절, 순결

- 위치: 유럽 서부
- 면적: 24.4만 km²
- 인구: 6,690만 명
- 수도: 런던
- 통화 단위: 파운드
- 주요 언어: 영어
- 민족: 앵글로색슨족, 켈트족
- 주요 종교: 크리스트교
- 성립 · 독립 연월일: 1801. 1. 1.
- 1인당 GDP: 41,030달러
- 국제 연합 가입 연월: 1945. 10.
- 대한민국과 국교 수교일: 1949. 1. 18.

왕실 국장 제정 연도: 1952년

중앙에 방패, 방패 잡이에 잉글랜드 사자와 스코틀랜드 유니콘, 윗부분에 왕관과 잉글랜드 사자, 방패 밑에는 잉글랜드의 장미, 스코틀랜드의 엉겅퀴, 아일랜드의 클로버, 아랫부분에 프랑스어로 "Dieu Et Mon Droit(신과 나의 권리)"라고 쓰여 있는 표어 리본, 방패 주위에 가터 훈장을 배치한 것이다.

오스트리아
Republic of Austria

국장 제정일: 1984년 4월 27일

이 국기 디자인은 1191년 이슬람교도와의 프톨레마이스 전투에서, 레오폴드 5세가 적군의 피를 뒤집어썼는데, 벨트 부분만 하얗게 남기고 빨갛게 물들었다는 고사에서 유래한다.

나라꽃: 에델바이스(솜다리)
과명: 국화과
영명: Edelweiss
꽃말: 소중한 추억

- 위치: 유럽 중부 내륙국
- 면적: 8.4만 km²
- 인구: 900만 명
- 수도: 빈
- 통화 단위: 유로
- 주요 언어: 독일어
- 민족: 오스트리아계, 구유고연방계, 터키계, 독일계
- 주요 종교: 크리스트교(가톨릭)
- 성립 · 독립 연월일: 1955. 5. 15.
- 1인당 GDP: 50,023달러
- 국제 연합 가입 연월: 1955. 12.
- 대한민국과 국교 수교일: 1963. 5. 22.

국장 제정일: 1984년 4월 27일

가슴에 국기와 똑같은 디자인의 방패를 품은 머리가 한 개인 검은 독수리로, 머리 위에는 자치 도시를 나타내는 성곽 모양을 한 금색 왕관이 씌워져 있고, 농민과 공업 노동자를 나타내는 낫과 망치를 쥐고 있으며, 1945년 나치로부터의 해방을 나타내는 끊어진 쇠사슬이 묶여 있다.

우크라이나
Ukraine

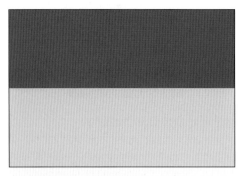

나라꽃: 해바라기
과명: 국화과
영명: Common Sunflower
꽃말: 애모, 아름다운 빛

국기 제정 연도: 1918년
국기 부활일: 1992년 1월 28일

1848년의 혁명 때에 사용된 갈리치아 공국 리비후시 문장의 파란색 방패에 노란색 사자가 그려져 있는 것과 관련하여, 노랑과 파랑이 선택되었다. 제1차 세계 대전 후인 1918년 우크라이나가 독립 국가가 되었을 때, 노랑과 파랑의 가로 2색기가 되고, 같은 해에, 파랑과 노랑으로 바뀌어 1921년까지 국기로 사용되었다. 1922년 소련 결성에 참여했지만, 1991년 8월 24일에 독립하고, 1992년 1월에 이 국기가 부활했다. 파랑은 하늘, 노랑은 밀을 나타낸다.

- 위치: 동부유럽 위치, 흑해 접경
- 면적: 60.4만 ㎢
- 인구: 4,190만 명
- 수도: 키예프
- 통화 단위: 그리브나
- 주요 언어: 우크라이나어, 러시아어
- 민족: 우크라이나계, 러시아계, 벨라루스계, 몰도바계
- 주요 종교: 크리스트교(우크라이나 정교, 가톨릭)
- 성립·독립 연월일: 1991. 8. 24.
- 1인당 GDP: 3,592달러
- 국제 연합 가입 연월: 1945. 10.
- 대한민국과 국교 수교일: 1992. 2. 10.

국장 제정일: 1992년 2월 19일

중앙에 노란색 삼지창을 그린 노란색 테두리가 있는 파란색 방패형 문장이다. 기원은 1세기에 흑해 주변에 존재한 그리스 식민 도시로 거슬러 올라간다. 삼지창은 그리스 신화에 등장하는 해신 포세이돈의 무기로, 권력을 상징한다. 역대 우크라이나 왕조에서 국장으로 사용되어 온 것이다.

이탈리아
Italian Republic

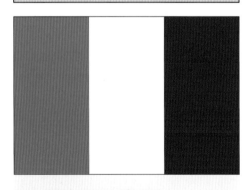

나라꽃: 데이지
과명: 국화과
영명: Daisy
꽃말: 평화, 순진, 미인, 겸손한 아름다움

국기 제정일: 1946년 6월 19일

1797년 2월 25일, 북이탈리아에 치살피나 공화국이 성립되고, 초록, 하양, 빨강의 세로 줄무늬 삼색기를 채택했다. 1848년 3월 오스트리아와의 전쟁 중에 사르디니아 국왕 카를로 알베르토는 전 영토에서 국장이 들어간 세로 삼색기를 사용할 것을 통지하고, 1970년에 이 깃발 밑에서 이탈리아는 통일 국가가 되었다. 1946년 이탈리아 공화국이 되었을 때, 국기에서 왕장을 제거했다. 초록은 아름다운 국토, 하양은 눈, 빨강은 열혈을 나타낸다.

- 위치: 유럽 남부 이탈리아반도
- 면적: 30.1만 ㎢
- 인구: 6,040만 명
- 수도: 로마
- 통화 단위: 유로
- 주요 언어: 이탈리아어
- 민족: 이탈리아인
- 주요 종교: 크리스트교(가톨릭)
- 성립·독립 연월일: 1861. 3. 17.
- 1인당 GDP: 32,947달러
- 국제 연합 가입 연월: 1955. 12.
- 대한민국과 국교 수교일: 1956. 11. 24.

국장 제정일: 1948년 5월 5일

중앙에 국가를 나타내는 빨간색으로 가장자리가 채색된 오각 별, 노동을 나타내는 회색 톱니바퀴, 주위를 에워싸는 힘과 평화를 나타내는 떡갈나무와 올리브 가지 화환, 아랫부분에 국명이 들어간 빨간 리본을 배치한 것이다.

체코
Czech Republic

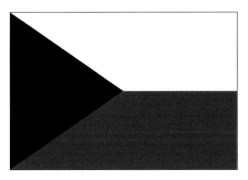

국기 제정일: 1920년 3월 30일

1918년에 체코슬로바키아가 독립했을 때의 국기는, 보헤미아 문장에서 보이는 전통적인 색인 하양과 빨강의 가로 줄무늬 기였다. 1920년에 공화국의 일부였던 슬로바키아와 모라비아의 상징인 파란색 삼각형이 깃대 쪽에 추가되었다. 이 국기는 슬로바키아가 분리 독립하여 체코 공화국이 된 1993년 이후에도 변화되지 않고 사용되고 있다. 파랑은 하늘, 하양은 순수함, 빨강은 독립 투쟁으로 흘린 피를 나타낸다.

나라꽃: 보리수나무
과명: 보리수나뭇과
영명: Autumn Olive
꽃말: 애정, 부부의 사랑, 결혼

- 위치: 독일, 폴란드, 오스트리아, 슬로바키아에 둘러싸인 중부 유럽의 내륙국
- 면적: 7.9만㎢
- 인구: 1,060만 명
- 수도: 프라하
- 통화 단위: 체코 코루나
- 주요 언어: 체코어
- 민족: 체코인, 슬로바키아인
- 주요 종교: 크리스트교(가톨릭)
- 성립 · 독립 연월일: 1993. 1. 1.
- 1인당 GDP: 23,214달러
- 국제 연합 가입 연월: 1993. 1.
- 대한민국과 국교 수교일: 1990. 3. 22.

국장 제정일: 1992년 12월 17일

4등분한 방패형 문장으로 윗부분의 왼쪽과 아랫부분의 오른쪽에 보헤미아의 빨간색 바탕에 왕관을 쓴 흰 사자, 윗부분의 오른쪽과 아랫부분의 왼쪽에 실레시아(슐레지엔)의 노란색 바탕에 왕관을 쓴 검은 독수리를 배치한 것이다.

코소보
Republic of Kosovo

국기 제정일: 2008년 2월 17일

세르비아 공화국의 남부이며, 주민의 90%가 알바니아계인 코소보 자치주는 2008년 2월 17일에 독립 선언을 했으며, 같은 날에 국기와 국장을 제정했다. 민족이 동일한 이웃 나라인 알바니아와 같다는 인상을 피하기 위해, 알바니아 국기에 그려져 있는 빨강과 검정, 쌍두 독수리 디자인은 채택하지 않고, 파란색 바탕에 12개의 별을 그려 넣은 EU(유럽 연합)의 기와 비슷하다. 유럽과의 협조를 나타내는 파랑과 평화를 나타내는 하양, 풍부한 국토를 나타내는 노란색의 코소보 지도를 조합한 기가 되었다.

프리슈티나 국립 공공 도서관

- 위치: 남동 유럽, 발칸반도 중남부
- 면적: 1.1만 ㎢
- 인구: 180만 명
- 수도: 프리슈티나
- 통화 단위: 유로
- 주요 언어: 알바니아어, 세르비아어
- 민족: 알바니아인, 세르비아인, 기타 소수 민족
- 주요 종교: 이슬람교
- 성립 · 독립 연월일: 2008. 2. 17.
- 1인당 GDP: 4,442달러
- 국제 연합 가입 연월: −
- 대한민국과 국교 수교일: −

국장 제정일: 2008년 2월 17일

국기와 똑같은 디자인으로, 노란색 테두리가 있는 파란색 방패형 문장이며, 중앙에 그려진 아치형의 6개의 흰색 오각 별은 국내의 알바니아계, 세르비아계, 터키계, 보스니아계, 로마계(집시), 마케도니아계의 6민족을 나타낸다.

크로아티아
Republic of Croatia

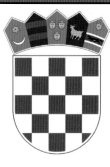

나라꽃: 아이리스 크로아티아
과명: 붓꽃과
영명: Perunika
꽃말: −

국장 제정일: 1990년 12월 22일
전통적인 크로아티아 바둑판 모양 위에 5개의 역사적인 방패가 놓여 있다. 왼쪽으로부터 중앙 크로아티아, 라구사 공화국, 달마티아, 이스트라 반도, 슬라보니아이다. 바둑판 모양의 빨강은, 해안 지역, 하양은 내륙 지역을 나타낸다.

국기 제정일: 1990년 12월 22일
빨강, 하양, 파랑의 가로 삼색기는 1848년 오스트리아에 대한 반란기로서 처음으로 사용되었다. 1918~1948년에는 유고슬라비아의 일부가 되어 이 기는 사용되지 않게 되었지만, 1941~1945년에 존재한 파시스트 크로아티아 독립국은 이 가로 삼색기에 독자적인 상징을 추가해 사용했다. 1946년~1990년 사이는 공산 정권으로, 기에 큰 빨간 별이 추가되었다. 1990년의 독립과 함께 중앙에 국장을 그린 현재의 국기가 채택되었다.

- 위치: 유럽 아드리아해 동부해안
- 면적: 5.7만 ㎢
- 인구: 410만 명
- 수도: 자그레브
- 통화 단위: 쿠나
- 주요 언어: 크로아티아어
- 민족: 크로아티아인, 세르비아인
- 주요 종교: 크리스트교(가톨릭)
- 성립 · 독립 연월일: 1991. 6. 25.
- 1인당 GDP: 14,950달러
- 국제 연합 가입 연월: 1992. 5.
- 대한민국과 국교 수교일: 1992. 11. 18.

포르투갈
Portugese Republic

나라꽃: 라벤더
과명: 꿀풀과
영명: Lavender
꽃말: 정절, 침묵

국장 제정일: 1911년 6월 30일
5개의 파란색 작은 방패를 그려 넣은 흰색 방패는 12세기에 무어인과의 전투에서 승리한 기념이며, 빨간색 방패 테두리에 있는 7개의 성은 1252년 알폰소 국왕과 에스파냐의 베아트리스 공주의 결혼을 축하하고, 국가의 발전을 기원하며 추가하였다. 방패의 뒤에 있는 천구의는 항해술과 해외 항로의 발견을 나타내고, 주위를 흰색 리본으로 묶은 노란색 올리브 화환으로 에워싸고 있다.

국기 제정일: 1911년 6월 30일
국기에 그려진 문장의 기원(국장 일부)은 12세기에 카스티야로부터 독립하여 포르투갈 왕국을 건국했을 때로 거슬러 올라간다. 1910년 포르투갈이 왕정에서 공화정으로 바뀐 1년 뒤에 초록과 빨강이 국기로 채택되었다. 초록은 미래에 대한 희망, 빨강은 크고 넓은 바다로 나아가는 용기 있는 포르투갈의 영웅의 피를 나타낸다.

- 위치: 남유럽 이베리아 반도, 대서양 연안
- 면적: 9.2만 ㎢
- 인구: 1,030만 명
- 수도: 리스본
- 통화 단위: 유로
- 주요 언어: 포르투갈어
- 민족: 이베리아족, 켈트족, 게르만족 및 무어족 등의 혼혈 민족
- 주요 종교: 크리스트교(가톨릭)
- 성립 · 독립 연월일: 1910. 10. 5.
- 1인당 GDP: 23,031달러
- 국제 연합 가입 연월: 1955. 12.
- 대한민국과 국교 수교일: 1961. 4. 15.

폴란드
Republic of Poland

국기 제정일: 1990년 2월 9일

1919년에 채택된 폴란드 국기는 국장의 2색을 가로로 배치해 놓은 기였다. 1939년부터 1945년의 나치 독일의 점령하에서는 이 기의 사용이 금지되어 있었다. 1945년부터 1989년까지 사회주의 정권 밑에 있었지만, 1989년에 붕괴되고, 1990년에 가로 2색기가 다시 공화국 국기로 부활했다. 빨강은 독립을 위해 흘린 피, 하양은 기쁨을 나타낸다.

나라꽃: 팬지
과명: 제비꽃과
영명: Pansy
꽃말: 사색, 사랑의 추억

- 위치: 유럽 중동부, 독일과 접경
- 면적: 31.3만 ㎢
- 인구: 3,800만 명
- 수도: 바르샤바
- 통화 단위: 즈워티
- 주요 언어: 폴란드어
- 민족: 폴란드인, 독일인, 벨라루스인, 우크라이나인, 유태인 등
- 주요 종교: 크리스트교(가톨릭)
- 성립·독립 연월일: 1918. 11. 11.
- 1인당 GDP: 14,902달러
- 국제 연합 가입 연월: 1945. 10.
- 대한민국과 국교 수교일: 1989. 11. 1.

국장 제정일: 1990년 2월 9일

왕관을 쓰고 날개를 펼친 흰 독수리를 배치한 빨간색 방패형 문장으로, 이 기원은 1241년으로 거슬러 올라간다. 제2차 세계 대전 후 사회주의 정권 밑에서는 국장에서 왕관이 제거되었다가 1989년의 정변에 의해 왕관이 부활했다.

프랑스
French Republic

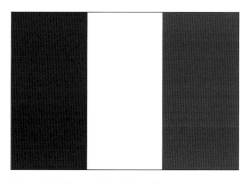

국기 제정일: 1794년 5월 20일

세계의 많은 국기에 영향을 준 세로 삼색기는, 1789년의 프랑스 혁명이 발발한 때에 처음으로 사용되었는데, 하양은 부르봉 왕조의 색, 파랑과 빨강은 파리시의 색이었다. 이 3색은 자유의 상징으로 이미 네덜란드, 미국에서 사용되고 있었다. 1815년부터 1830년의 왕정 부활 시대에는 흰색 기가 부활했지만, 그 이후에는 헌법과 정부가 변해도 이 삼색기가 사용되고 있다. 파랑은 자유, 하양은 평등, 빨강은 박애를 나타낸다.

나라꽃: 붓꽃
과명: 붓꽃과
영명: Iris
꽃말: 사랑의 메시지

- 위치: 서부 유럽 중앙부
- 면적: 64.4만 ㎢
- 인구: 6,480만 명
- 수도: 파리
- 통화 단위: 유로
- 주요 언어: 프랑스어
- 민족: 골족
- 주요 종교: 크리스트교(가톨릭)
- 성립·독립 연월일: 843. 8. 11.
- 1인당 GDP: 41,761달러
- 국제 연합 가입 연월: 1945. 10.
- 대한민국과 국교 수교일: 1949. 2. 15.
  ※1886. 6. 4.(우호 통상 조약)

국장 제정 연도: 1953년

국장이 없어 외무부 행정 위원회가 채택한 준 국장을 사용하고 있다. 준 국장은 사자의 머리를 위에 놓고, 프랑스 공화국을 나타내는 모노그램 FR을 배치한 황색 방패, 뒤에 고대 로마 집정관이 정의의 상징으로 사용한 막대기 다발 사이에 도끼를 끼우고 묶어서 만든 파스케스, 월계수 가지와 떡갈나무 잎을 배치한 것이다.

핀란드
Republic of Finland

국기 제정일: 1978년 5월 26일

1917년 러시아로부터 독립을 달성한 핀란드는, 19세기에 시인인 자쿠리스 토페리우스가 고안한 눈을 나타내는 흰색 바탕에 호수를 나타내는 파란색 십자기를 1918년에 국기로 채택했다. 그 후 1978년에 국기의 파란색이 짙어졌다. 정부 기에는 십자의 중앙에 국장이 들어가 있다.

나라꽃: 은방울꽃
과명: 백합과
영명: Lily of the valley
꽃말: 순결, 즐거움, 섬세

- 위치: 북유럽, 스칸디나비아반도
- 면적: 33.8만 ㎢
- 인구: 550만 명
- 수도: 헬싱키
- 통화 단위: 유로
- 주요 언어: 핀란드어, 스웨덴어
- 민족: 핀족, 서전족
- 주요 종교: 크리스트교(루터 복음교)
- 성립 · 독립 연월일: 1917. 12. 6.
- 1인당 GDP: 48,869달러
- 국제 연합 가입 연월: 1955. 12.
- 대한민국과 국교 수교일: 1973. 8. 24.

국장 제정일: 1978년 5월 26일

방패형 문장으로, 갑옷을 입은 팔로 검을 휘두르는 핀란드 사자가, 발밑에 있는 이웃 국가 러시아의 굽은 칼을 짓밟는 디자인이며, 주변에 9개의 옛 지방을 나타내는 9개의 장미를 곁들여 놓았다. 16세기에 스웨덴 왕 구스타프 1세에 의해 인가된 것을 기원으로 한다.

헝가리
Republic of Hungary

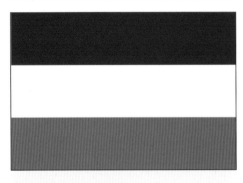

국기 제정 연도: 1989년

이 3색은 헝가리의 옛 문장에서 취한 것인데, 가로 삼색기는 1848년에 처음으로 공식적으로 채택되었다. 예전에는 중앙에 당시의 국장이 그려져 있었지만, 1957년 10월 12일에 폐지되어, 현재의 간결한 가로 삼색기가 제정되었다. 빨강은 강함, 하양은 충성심, 초록은 희망을 나타낸다. 제2차 세계 대전 후 사회주의 체제가 성립되었지만, 1989년에 붕괴되고 공화국이 되었다. 2012년 1월에 헝가리 공화국에서 현재의 이름으로 개칭했다.

나라꽃: 튤립
과명: 백합과
영명: Tulip
꽃말: 사랑의 고백, 명예, 명성

- 위치: 유럽 중동부, 오스트리아와 접경
- 면적: 9.3만 ㎢
- 인구: 980만 명
- 수도: 부다페스트
- 통화 단위: 포린트
- 주요 언어: 헝가리어
- 민족: 마자르인, 독일인, 슬로바키아인, 남슬라브인 등
- 주요 종교: 크리스트교(가톨릭, 개신교)
- 성립 · 독립 연월일: 1918. 10. 31.
- 1인당 GDP: 17,463달러
- 국제 연합 가입 연월: 1955. 12.
- 대한민국과 국교 수교일: 1989. 2. 1.

국장 제정일: 1990년 7월 3일

방패형 문장으로, 윗부분에 기울어진 십자가를 그려 넣은 12세기 최초의 헝가리 왕의 왕관(성 스테판의 왕관), 방패 가운데는 13세기 알파도 왕가의 상징 빨강과 하양의 8개의 가로 줄무늬와, 12세기에 헝가리에서 자주 사용된 3개의 산봉우리 위의 흰색 이중 십자를 조합한 것이다. 왕관의 십자가는 1850년 무렵까지는 똑바로 되어 있었다.

아프리카

카나리아 제도(에)
모로코
라바트
알제
튀니스
튀니지
몰타
이탈리아
지중해
트리폴리
카이로
리비아
이집트
알제리
서사하라
모리타니
말리
니제르
차드
수단
하르툼
에리트레아
아스마
카보베르데
프라이아
누악쇼트
세네갈
다카르
감비아반줄
비사우
기니비사우
기니
코나크리
바마코
부르키나파소
와가두구
니아메
나이지리아
아부자
은자메나
중앙아프리카
공화국
방기
남수단
주바
아디스아바바
지부티
지부티
에티오피아
시에라리온
프리타운
몬로비아
라이베리아
아무수크로
아크라
로메
코트디부아르
부아케
가나
토고
베냉
포르토노보
말라보
적도 기니
카메룬
야운데
콩고강
우간다
캄팔라
빅토리아호
나이로비
케냐
모가디슈
소말리아
기니만
상투메 프린시페
상투메
리브르빌
가봉
콩고
브라자빌
킨샤사
콩고
민주 공화국
르완다
키갈리
부줌부라
부룬디
탕가니카호
다르에스살람
탄자니아
니아사호
세이셸
빅토리아
아라비아해
대 서 양
어센션섬
대 서 양
루안다
앙골라
나미비아
빈트후크
보츠와나
가보로네
잠비아
루사카
하라레
짐바브웨
말라위
릴롱궤
모잠비크
마푸토
음바바네
에스와티니
코모로
모로니
안타나나리보
마다가스카르
마다가스카르섬
모리셔스
포트루이스
모잠비크해협
프리토리아
남아프리카
공화국
마세루
레소토
오렌지강

가나
Republic of Ghana

국기 제정일: 1957년 3월 6일
국기 부활일: 1966년 2월 28일
범아프리카색의 가로 삼색기로 빨강은 독립 투쟁으로 흘린 피, 노랑은 광물 자원, 초록은 삼림을 나타내며, 중앙의 검은색 오각 별은 아프리카의 자유를 나타낸다. 이 국기는 영국령 골드코스트가 1957년 3월 6일 가나 공화국으로 독립했을 때에 처음으로 게양되었다. 독립으로 이끈 회의 인민당 기에서 유래하며, 1964~1966년의 은크루마 대통령의 일당 독재 시대에는 빨강, 하양, 초록의 회의 인민당 기를 국기로 삼고 있었지만, 1966년의 정변으로 인해 이전의 국기가 부활했다.

나라꽃: 대추야자
과명: 종려나뭇과
영명: Date Palm
꽃말: 부활, 승리

- 위치: 서부 아프리카 대서양의 기니만 연안
- 면적: 23.9만 km²
- 인구: 3,020만 명
- 수도: 아크라
- 통화 단위: 가나 세디
- 주요 언어: 영어, 트위어, 판티어
- 민족: 아칸족, 몰다그바니족, 에워족
- 주요 종교: 크리스트교, 이슬람교
- 성립 · 독립 연월일: 1957. 3. 6.
- 1인당 GDP: 2,223달러
- 국제 연합 가입 연월: 1957. 3.
- 대한민국과 국교 수교일: 1977. 11. 14.

국장 제정일: 1957년 3월 4일
중앙에 초록색 십자에 의해 넷으로 나누어진 방패, 방패 위에 아프리카의 자유를 나타내는 검은색 오각 별, 방패잡이에 오각 별을 목에 건 2마리의 금색 독수리, 아랫부분에는 영어로 "Freedom and Justice(자유와 정의)"라고 쓰여 있는 표어 리본, 방패 가운데에는 초록색 십자의 중심에 잉글랜드 사자, 지방 행정을 나타내는 지팡이와 의전용 검, 중앙 정부를 나타내는 바다에 있는 성, 카카오나무, 금 광산을 배치하였다.

말리
부르키나파소
보보디울라소
10°N
코트디부아르
부아케
아무수크로
아비장
봉티
타말레
가나
GHANA
쿠마시
아크라
Accra
베냉
토고
로메
나이지리아
이바단
라고스
포르토노보
기니만

가봉
Gabonese Republic

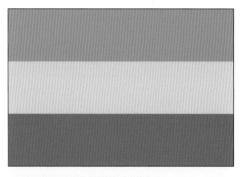

국기 제정일: 1960년 8월 9일

1960년에 프랑스로부터 독립하고 새 국기를 제정하였다. 가봉 국기의 디자인과 색은 프랑스령이었던 많은 국가들처럼 세로 삼색기가 아니라 가로 삼색기이며, 이 나라에 일생을 바친 알베르트 슈바이처의 저작 「물과 원생림의 틈에서(1921)」에서 유래한다고 한다. 초록은 삼림, 노랑은 가봉이 위치하는 적도, 파랑은 대서양을 나타낸다.

나라꽃: 아프리카 튤립나무(불꽃나무)
과명: 능소화과
영명: Flame Tree
꽃말: 정열, 걱정, 열정

- 위치: 아프리카 대서양 연안 기네만 남부
- 면적: 26.8만 ㎢
- 인구: 210만 명
- 수도: 리브르빌
- 통화 단위: CFA 프랑
- 주요 언어: 프랑스어, 팡어
- 민족: 팡족, 에치라족, 아두마족 등 40여 종족
- 주요 종교: 크리스트교, 이슬람교
- 성립 · 독립 연월일: 1960. 8. 17.
- 1인당 GDP: 8,112달러
- 국제 연합 가입 연월: 1960. 9.
- 대한민국과 국교 수교일: 1962. 10. 1.

국장 제정일: 1963년 7월 15일

중앙에 방패, 배후에 중요한 산업인 임업을 나타내는 오쿠메, 방패잡이에 용기와 신중함을 나타내는 흑표범, 프랑스어로 윗부분에는 "Uniti Progrediemur(단결을 향해 전진)", 아랫부분에는 "Union, Travail, Justice(통일, 노동, 정의)"라고 쓰여 있는 표어 리본, 방패 가운데에는 광물 자원을 나타내는 초록색 바탕에 3개의 노란색 동그라미, 바다의 중요성을 나타내는 검은색 배를 배치하였다.

감비아
Republic of The Gambia

국기 제정일: 1965년 2월 18일

국토는 중앙을 흐르는 감비아강을 따라 양쪽 해안의 가늘고 긴 지역으로, 국명은 이 강의 이름에서 유래한다. 15세기부터 영국령 식민지였지만, 국기는 1965년 독립한 날에 제정되고, 1970년 공화국이 되었다. 빨강은 태양과 사바나, 파랑은 감비아강, 초록은 삼림, 2개의 흰색 줄무늬는 통일과 평화를 나타낸다.

감비아 세네갈강 정글 숲

- 위치: 북서아프리카 대서양 연안
- 면적: 1.13만 ㎢
- 인구: 230만 명
- 수도: 반줄
- 통화 단위: 달라시
- 주요 언어: 영어, 월로프어, 만딩고어
- 민족: 만딩고족, 월로프족, 풀라족
- 주요 종교: 이슬람교
- 성립 · 독립 연월일: 1965. 2. 18.
- 1인당 GDP: 755달러
- 국제 연합 가입 연월: 1965. 9.
- 대한민국과 국교 수교일: 1965. 4. 21.

국장 제정일: 1964년 11월 18일

중앙에 방패, 윗부분에 투구와 야자나무 잎, 방패잡이에 감비아의 2대 민족인 만딩고족의 괭이와 풀라니족의 도끼를 들고 있는 2마리의 사자, 아랫부분에는 영어로 "Progress, Peace, Prosperity"「진보, 평화, 번영」이라고 쓰여 있는 표어 리본, 파란색 바탕의 방패 가운데에도 괭이와 도끼를 배치하였다.

기니
Republic of Guinea

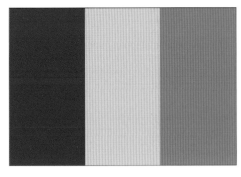

코나크리 그랜드 모스크. 서부 아프리카에서 가장 큰 사원 중 하나

국장 제정일: 1993년 12월 12일
갈색으로 윤곽을 잡은 흰색 방패형 문장으로, 윗부분에 올리브 가지를 물고 있는 평화의 상징인 흰 비둘기, 방패 하단에는 국기의 3색을 쓰고, 아랫부분에 프랑스어로, "Travail, Justice, Solidarite(노동, 정의, 단결)"이라고 쓰여 있는 표어 리본을 배치하였다.

국기 제정일: 1958년 11월 10일
범아프리카색의 3색은 프랑스로부터 독립운동을 지도하였던 기니 민주당의 당기에서 유래하며, 1958년 독립에 즈음해서 세로 삼색기를 국기로 채택했다. 빨강은 반식민지 투쟁으로 흘린 피, 노랑은 태양과 광물 자원, 초록은 농업과 번영을 나타낸다. 독립의 아버지인 세쿠토레 대통령은 당시 가나의 은크루마 대통령과 함께, 앞으로 2개국을 통합시키려는 염원으로 국기의 3색을 가나와 똑같이 했다고 한다.

- 위치 : 북서부아프리카 대서양 연안
- 면적: 24.6만 ㎢
- 인구: 1,360만 명
- 수도: 코나크리
- 통화 단위: 기니 프랑
- 주요 언어: 프랑스어
- 민족: 풀라니족, 말링케족, 수수족
- 주요 종교: 이슬람교, 크리스트교
- 성립·독립 연월일: 1958. 10. 2.
- 1인당 GDP: 981달러
- 국제 연합 가입 연월: 1958. 12.
- 대한민국과 국교 수교일: 2006. 8. 28.

기니비사우
Republic of Guinea-Bissau

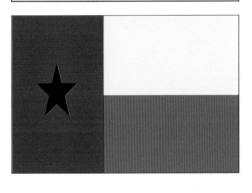

국민들이 사는 짚으로 지은 집

국장 제정 연도: 1973년
중앙에 아프리카인의 자유와 존엄을 나타내는 검은색 오각 별, 평화를 나타내는 야자나무 잎 화환이 이를 둘러싸고, 아랫부분에 포르투갈어로 "Unidade, Luta, Progresso(통일, 투쟁, 진보)"라고 쓰여 있는 표어 리본, 맨 밑에 대서양을 나타내는 조가비를 배치하였다.

국기 제정일: 1973년 9월 24일
수 세기에 걸친 포르투갈의 지배로부터의 독립은, 기니·카보베르데 독립 아프리카당이 주도한 독립운동에 의해 달성되었다. 그 당기에서 유래하는 범아프리카색의 국기가 1973년 독립일에 국기로 제정되었다. 노랑은 태양과 광물 자원, 초록은 농산물, 빨강은 독립 투쟁으로 흘린 피, 검은색 오각 별은 아프리카인의 자유와 존엄을 나타낸다.

- 위치: 북서부 아프리카 대서양 연안
- 면적: 3.6만 ㎢
- 인구: 180만 명
- 수도: 비사우
- 통화 단위: CFA 프랑
- 주요 언어: 포르투갈어
- 민족: 발란떼족, 풀라니족, 만자코족 등
- 주요 종교: 토속 신앙, 이슬람교
- 성립·독립 연월일: 1973. 9. 24.
- 1인당 GDP: 786달러
- 국제 연합 가입 연월: 1974. 9.
- 대한민국과 국교 수교일: 1983. 12. 22.

나미비아
Republic of Namibia

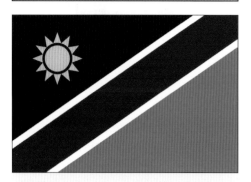

나미비아의 수도 빈트후크

국기 제정일: 1990년 3월 21일

1990년 3월 21일 남아프리카 공화국으로부터의 독립에 대비하여 개최된 국기의 디자인 공모 대회에서, 1000여 점의 작품 중에서 독립 투쟁을 주도해 온 남서아프리카 인민 기구 당기의 파랑, 빨강, 초록을 사용한 기가 국기로 채택되었다. 파랑은 대서양과 중요한 물, 하양은 통일과 평화, 빨강은 국민과 평등 사회를 건설하려는 결의, 초록은 농업, 금색의 태양은 생명과 활력, 12개의 빛은 나미비아의 12부족을 나타낸다.

- 위치: 아프리카 서남부, 앙골라, 보츠와나와 접경
- 면적: 82.4만 ㎢
- 인구: 250만 명
- 수도: 빈트후크
- 통화 단위: 나미비아 달러
- 주요 언어: 영어, 아프리칸스어, 독일어
- 민족: 오밤보족, 카방고족, 헤레로족
- 주요 종교: 크리스트교, 토속 신앙
- 성립 · 독립 연월일: 1990. 3. 21.
- 1인당 GDP: 5,842달러
- 국제 연합 가입 연월: 1990. 4.
- 대한민국과 국교 수교일: 1990. 3. 21.

국장 제정일: 1990년 3월 21일

중앙에 국기와 똑같은 디자인을 배치한 방패, 윗부분에 아프리카수리, 방패잡이에 2마리의 오릭스, 받침대에 나미브 사막과 사막에서 자라고 있는 초록색 웰위치아, 아랫부분에는 영어로 "Unity, Liberty, Justice(통일, 자유, 정의)"라고 쓰여 있는 표어 리본을 배치하였다.

나이지리아
Federal Republic of Nigeria

나라꽃: 코스투스 스펙타빌리스
과명: 코스투스과
영명: Costus
꽃말: —

국기 제정일: 1960년 10월 1일

1958년, 국기 디자인 공모 대회에서 선택된 학생의 작품으로, 중앙의 태양을 뺀 초록, 하양, 초록의 세로 3등분 기가 나이지리아의 기로 제정되고, 1960년 영국으로부터 독립했다. 국기의 작자가 비행기에서 본 삼림과 광대한 광야가 펼쳐져 있는 나라의 모습을 그린 기로, 초록은 농업, 하양은 평화와 통일을 나타낸다.

- 위치: 서부 아프리카 대서양 연안 니제르강 유역
- 면적: 92.4만 ㎢
- 인구: 2억 명
- 수도: 아부자
- 통화 단위: 나이라
- 주요 언어: 영어
- 민족: 하우사족, 요루바족, 이보족
- 주요 종교: 이슬람교(북부 위주), 크리스트교
  (남부 위주)
- 성립 · 독립 연월일: 1960. 10. 1.
- 1인당 GDP: 2,222달러
- 국제 연합 가입 연월: 1960. 10.
- 대한민국과 국교 수교일: 1980. 2. 22.

국장 제정일: 1978년 10월 1일

중앙에 방패, 윗부분에 권력을 나타내는 빨간색 독수리, 방패잡이에 존경을 나타내는 2마리의 백마 받침대에 국화인 크로커스, 아랫부분에 영어로 "Unity and Faith, Peace and Progress(통일과 신념, 평화와 진보)" 라고 쓰여 있는 표어 리본, 검은색 방패 속에는 나이저강과 베누에강을 나타내는 흰색의 Y자를 배치하였다.

남수단
Republic of South Sudan

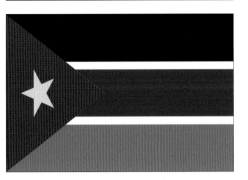

남수단의 수도 주바

국기 제정일: 2011년 3월 22일

크리스트교도가 많은 남부 수단 10개 주가 오랜 기간에 걸친 내전 후, 2011년 7월에 수단 공화국으로부터 아프리카 대륙 54번째 국가로 독립했다. 국기의 검정은 국민, 하양은 독립 투쟁으로 쟁취한 자유, 빨강은 자유를 위해 흘린 피, 초록은 국토, 파랑은 나일강, 노랑은 국가와 국민을 이끄는 별을 나타낸다.

- 위치: 북서부 아프리카 대서양 연안
- 면적: 64.4만 km²
- 인구: 1,340만 명
- 수도: 주바
- 통화 단위: 남수단 파운드
- 주요 언어: 영어
- 민족: 딩카족, 누에르족, 실루크족, 아잔데족, 바리족 등
- 주요 종교: 크리스트교, 토속 신앙
- 성립 · 독립 연월일: 2011. 7. 9.
- 1인당 GDP: 275달러
- 국제 연합 가입 연월: 2011. 7.
- 대한민국과 국교 수교일: 2011. 7. 9.

국장 제정일: 2011년 6월 28일

남수단에 서식하는 아프리카수리를 소재로 한 것인데, 통찰력, 역량, 회복력, 존경을 나타낸다. 가슴에는 국가 방위를 나타내는 창과 근면함을 나타내는 삽이 교차하고, 국명과 「정의, 자유, 번영」이라는 영어 표어 리본을 배치하였다.

남아프리카 공화국
Republic of South Africa

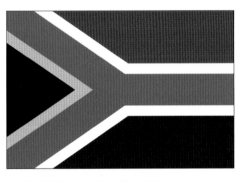

나라꽃: 프로테아(용왕꽃)
과명: 프로테아과
영명: King Protea
꽃말: 고운 마음, 순결

국기 제정일: 1994년 4월 27일

1994년 4월, 인종 차별 정책을 실시해 온 정권이 붕괴되자 새로운 정부가 수립되고, 새로운 국기가 제정되었다. 빨강, 하양, 파랑, 검정, 노랑, 초록의 6가지 색을 사용한 세계에서도 진기한 다색 국기로, 이들 색은 과거에 남아프리카의 기에 사용된 것이다. 각각의 색에 고유의 의미가 들어 있지는 않지만, Y자는 다양한 남아프리카 사회의 통일과 과거 및 현재의 힘 결집으로 인한 국가의 전진을 나타낸다.

- 위치: 아프리카 대륙 최남단
- 면적: 121.9만 km²
- 인구: 5,880만 명
- 수도: 프리토리아
- 통화 단위: 랜드
- 주요 언어: 영어, 아프리칸스어, 줄루어 등 11개
- 민족: 줄루족, 코사족, 바소토족, 바페디족, 벤다족 등
- 주요 종교: 크리스트교
- 성립 · 독립 연월일: 1910. 5. 31.
- 1인당 GDP: 6,100달러
- 국제 연합 가입 연월: 1945. 11.
- 대한민국과 국교 수교일: 1992. 12. 1.

국장 제정일: 2000년 4월 27일

국장 가운데에 손을 마주 잡은 두 사람, 방패잡이에 성장을 나타내는 밀 이삭 화환, 윗부분에 방위와 권위를 나타내는 창과 곤봉, 국화 프로테아, 날개를 편 뱀잡이수리, 태양, 아랫부분에 지혜와 국력을 나타내는 4개의 상아에 코이산어 표어를 배치하였다.

니제르
Republic of Niger

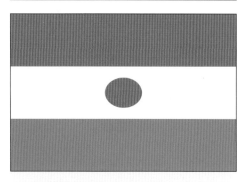

니제르 니아메 그랜드 모스크

국기 제정일: 1959년 11월 23일

19세기 말에 프랑스의 지배하에 들어가고, 1960년 8월 3일 독립했다. 나이저강의 남부에는 비옥한 토지가 있으며, 북동부에는 사막 지대가 이어진다. 국기의 초록은 전자, 오렌지색은 후자를 나타내고, 오렌지색 원은 태양, 하양은 순수함을 나타낸다. 또한 오렌지색은 독립, 하양은 평화와 나이저강, 초록은 발전을 나타낸다.

- 위치: 서아프리카 내륙 나이지리아 북동 접경
- 면적: 126.7만 ㎢
- 인구: 2,330만 명
- 수도: 니아메
- 통화 단위: CFA 프랑
- 주요 언어: 프랑스어, 토착어
- 민족: 하우사족, 제르마족, 송가이족 등
- 주요 종교: 이슬람교, 토속 신앙
- 성립 · 독립 연월일: 1960. 8. 3.
- 1인당 GDP: 405달러
- 국제 연합 가입 연월: 1960. 9.
- 대한민국과 국교 수교일: 1961. 7. 27 .

국장 제정일: 1962년 12월 1일

중앙에 방패, 방패잡이에 4개의 국기, 아랫부분에 국명을 쓴 리본, 방패 가운데에는 태양을 중심으로 달성을 나타내는 투아레그족의 검과 창, 농업을 나타내는 옥수수 이삭, 낙농을 나타내는 물소의 머리를 배치하였다.

라이베리아
Republic of Liberia

나라꽃: 후추나무
과명: 후춧과
영명: Black Pepper
꽃말: 끈기, 지성

국기 제정일: 1847년 8월 26일

19세기 초 미국에서 흑인 노예를 고향 아프리카로 되돌려 보내는 운동이 한창일 때, 미국 식민 협회는 아프리카에서 토지를 구입하고 자유의 땅이라는 의미로 Liberia라고 이름을 붙였다. 1847년 7월 26일에 Liberia가 독립을 선언한 후에 국기가 제정되었다. 국기에는 독립을 나타내는 흰색 오각 별이 들어가 있다. 빨간색과 흰색의 11개의 줄무늬는 독립 선서에 서명한 11명을 나타낸다. 빨강은 용기와 인내, 하양은 순수함, 파랑은 자유와 정의를 나타낸다.

- 위치: 아프리카 대륙 서부, 기니 남쪽 접경
- 면적: 11.1만 ㎢
- 인구: 460만 명
- 수도: 몬로비아
- 통화 단위: 라이베리아 달러
- 주요 언어: 영어, 토착어
- 민족: 쿠페레족, 바사족, 그레보족
- 주요 종교: 토속 신앙, 이슬람교, 크리스트교
- 성립 · 독립 연월일: 1847. 7. 26.
- 1인당 GDP: 704달러
- 국제 연합 가입 연월: 1945. 11.
- 대한민국과 국교 수교일: 1964. 3. 18 .

국장 제정 연도: 1963년

방패형 문장으로, 대서양에 떠 있는 범선, 태양, 야자나무, 비둘기 등 해안 풍경을 그린 것이다. 앞에 있는 가래는 최초의 이주자가 가지고 들어온 것으로 국토 발전을 나타내며, 범선은 해방 노예를 운반한 배, 비둘기는 독립 선언서를 물고 있다. 아랫부분에 국명, 윗부분에 영어로 "The love of liberty brought us here(자유에 대한 사랑이 우리를 이 곳에 데려다 주었다.)"는 표어가 쓰여 있다.

레소토
Kingdom of Lesotho

나라꽃: 알로에 폴리필라
과명: 크산토로에아과
영명: Spiral Aloe
꽃말: —

국기 제정일: 2006년 10월 3일

1세기에 걸쳐 영국의 보호령이었다가, 1966년 10월 4일에 영국으로부터 독립했다. 1987년, 육군에 의한 정부 전복에 의해 국토방위를 나타내는 방패, 창, 곤봉, 타조의 깃뿌리를 그린 국기가 사용되어 왔지만, 2006년 10월에 레소토의 상징인 레소토 모자를 넣은 삼색기로 변경되었다. 새 국기의 파랑은 비, 하양은 평화, 초록은 번영, 검정은 아프리카 대륙을 나타낸다. 파랑, 하양, 초록의 각각의 기폭의 비율은 3 : 4 : 3으로 한가운데가 크다.

- 위치 : 북서부 아프리카 대서양 연안
- 면적: 3만 ㎢
- 인구: 200만 명
- 수도: 마세루
- 통화 단위: 로티
- 주요 언어: 영어, 소토어
- 민족: 소토족
- 주요 종교: 크리스트교, 토속 신앙
- 성립 · 독립 연월일: 1966. 10. 4.
- 1인당 GDP: 1,339달러
- 국제 연합 가입 연월: 1966. 10.
- 대한민국과 국교 수교일: 1966. 12. 7.

국장 제정일: 2006년 10월 4일

중앙에 레소토의 전투용 창, 뒤에 타조의 깃뿌리, 창, 곤봉, 방패잡이에 조랑말, 받침대에 모셰왕이 건국한 땅인 타바 보시우산, 아랫부분에 소토어로 "Khotso, Pula, Nala(평화, 물, 번영)"라고 쓰여 있는 표어 리본, 방패 속에는 영국령 바스톨랜드 지역 문장에도 사용된 악어를 배치하였다. 2006년에 국장의 색을 일부 수정하였다.

르완다
Republic of Rwanda

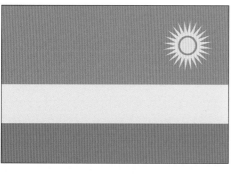

나라꽃: 장미
과명: 장미과
영명: Rose
꽃말: 사랑, 아름다움, 열렬한 사랑

국기 제정일: 2001년 10월 25일

2001년 12월 31일에 이 나라의 새로운 국기가 처음으로 게양되고, 1994년 후투족에 의한 투치족 대량 학살을 생각나게 하는 빨강을 사용한 이전의 국기를 교체하였다. 파랑은 행복과 평화, 노랑은 노동에 의한 경제 성장, 초록은 번영에 대한 희망, 윗부분의 24개의 금색 광선이 나오는 태양은 통일, 투명성, 인내하고 있는 국민을 계몽하는 빛을 나타낸다.

- 위치: 아프리카 대륙 최남단
- 면적: 2.6만 ㎢
- 인구: 1,240만 명
- 수도: 키갈리
- 통화 단위: 르완다 프랑
- 주요 언어: 영어, 키냐르완다어, 프랑스어
- 민족: 후투족, 투치족, 트와족
- 주요 종교: 크리스트교(가톨릭, 개신교)
- 성립 · 독립 연월일: 1962. 7. 1.
- 1인당 GDP: 825달러
- 국제 연합 가입 연월: 1962. 9.
- 대한민국과 국교 수교일: 1963. 3. 21.

국장 제정일: 2001년 10월 25일

원형 문장으로 중앙에 바구니와 톱니바퀴, 주요 산물인 사탕옥수수와 커피, 양옆에 국가 주권의 방어와 정의를 나타내는 2개의 부족 방패, 윗부분에 태양과 르완다어로 쓰여 있는 국명 리본 "Repubulika Y'u Rwanda(르완다 공화국)", 아랫부분에 "Ubumwe, Umurimo, Gukunda, Igihugu(통일, 노동, 조국, 국가)" 라고 쓰여 있는 표어 리본, 산업 발전을 나타내는 초록색 테두리와 매듭을 배치하였다.

리비아
Libya

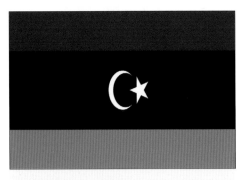

나라꽃: 석류꽃
과명: 석류나뭇과
영명: Pomegranate blossom
꽃말: 원숙한 아름다움

국기 제정 연도: 1951년
국기 부활일: 2011년 2월 27일

2011년, 리비아 국민평의회를 중심으로 한 반체제파에 의해 카다피 정권이 붕괴되자, 1951~1969년의 왕정 시대에 사용했던 국기가 부활했다. 국기의 빨강은 페잔 지방, 검정은 키레나이카, 초록은 트리포니타니아 지방을, 흰색 초승달과 오각 별은 이슬람교를 나타낸다. 이 4색은 아랍 해방기의 색이다.

임시 국장 제정 연도: 2015년

2011년 8월에 카다피 정권이 붕괴되자, 1977년에 제정된 매를 사용한 옛 국장을 폐지하고, 2015년에 초승달과 별을 배치한 여권용 임시 국장을 만들었으나. 정식 국장은 아직 정해지지 않았다.

- 위치: 북아프리카 중앙 지중해 연안
- 면적: 176만 ㎢
- 인구: 660만 명
- 수도: 트리폴리
- 통화 단위: 리비아 디나르
- 주요 언어: 아랍어
- 민족: 아랍인, 베르베르인, 투아레그족
- 주요 종교: 이슬람교(수니파)
- 성립 · 독립 연월일: 1951. 12. 24.
- 1인당 GDP: 5,020달러
- 국제 연합 가입 연월일: 1955. 12. 7.
- 대한민국과 국교 수교일: 1980. 12. 29.

마다가스카르
Republic of Madagascar

나라꽃: 델로닉스레기아(봉황목)
과명: 콩과
영명: Flamboyant, Royal Poinciana
꽃말: 그리움, 이별

국기 제정일: 1958년 10월 21일

19세기 말 프랑스 식민지가 되고, 1960년 6월 마다가스카르 공화국으로 독립했으며, 1975년 마다가스카르 민주 공화국으로 개칭하고, 1992년에 다시 마다가스카르 공화국이 되었다. 과거에 존재했던 왕국의 대부분은 말레이 · 폴리네시아 인종으로 흰색과 빨간색 기를 사용하고 있었지만, 프랑스령이 되었을 때 이 2색기는 소멸했다. 자치국이 된 1958년에 전통의 2색에 초록을 더한 기가 제정되었다. 하양은 순수함, 빨강은 주권, 초록은 희망과 해안 지방을 나타낸다.

국장 제정 연도: 1998년

인장형 국장으로, 중앙에 빨간색으로 그려져 있는 마다가스카르 영토, 윗부분에 7장의 극락조화과의 여행자 나무(부채 파초) 잎과 국명, 아랫부분에 빨간색 혹소와 논과 벼 이삭으로 둘러싸여 있으며, 벼 이삭 사이에는 마다가스카르어로 "Tanindrazana, Fahafahana, Fandrosoana (조국, 자유, 진보)" 라고 쓰여 있는 표어 리본을 배치하였다.

- 위치: 아프리카 대륙 서부, 기니 남쪽 접경
- 면적: 58.7만 ㎢
- 인구: 2,710만 명
- 수도: 안타나나리보
- 통화 단위: 아리아리
- 주요 언어: 말라가시어, 프랑스어
- 민족: 메리나족, 베치미사라카족, 베칠레오족
- 주요 종교: 토속 신앙, 크리스트교
- 성립 · 독립 연월일: 1960. 6. 26.
- 1인당 GDP: 464달러
- 국제 연합 가입 연월: 1960. 9.
- 대한민국과 국교 수교일: 1993. 5. 19.

말라위
Republic of Malawi

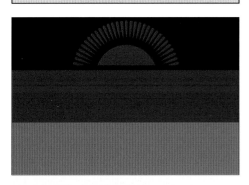

나라꽃: 연꽃(비공식)
과명: 수련과
영명: Lotus
꽃말: 순결, 청정

국기 제정일: 1964년 7월 6일
국기 부활일: 2012년 5월 28일

검정, 빨강, 초록의 삼색 줄무늬는 영국으로부터의 독립 투쟁을 주도한 말라위 회의당이 사용했던 색으로, 검정은 아프리카인, 빨강은 독립에 목숨을 바친 사람들의 피, 초록은 풍부한 자연, 빨간색 태양은 일출로 전 아프리카의 자유를 나타낸다. 2010년 7월, 무타리카 대통령에 의해 독립 후 국가의 발전을 나타내는 완전히 둥근 흰색 태양을 그린 새 국기가 채택되었지만, 이 대통령이 서거하면서 2012년 옛 기가 부활했다.

- 위치 : 아프리카 남동부 모잠비크 접경
- 면적: 11.8만 km²
- 인구: 2,030만 명
- 수도: 릴롱궤
- 통화 단위: 말라위 콰차
- 주요 언어: 치체와어, 영어
- 민족: 체와족, 야오족, 치포카족, 통가족 등
- 주요 종교: 크리스트교, 이슬람교
- 성립 · 독립 연월일: 1964. 7. 6.
- 1인당 GDP: 371달러
- 국제 연합 가입 연월: 1964. 12.
- 대한민국과 국교 수교일: 1965. 3. 9.

국장 제정일: 1964년 6월 30일

중앙에 방패, 윗부분에 투구가 장식되어 있으며, 투구 위에는 독수리가 그려져 있다. 방패잡이에 사자와 표범, 받침대에는 이 국가의 최고봉 물란제산을 나타내며, 아랫부분에 영어로 "Unity and Freedom(통일과 자유)" 라고 쓰여 있는 표어 리본, 방패 속에는 말라위호를 나타내는 물결선, 사자, 영국령 니아살랜드 시대의 지역 문장에도 사용된 태양을 배치하였다.

말리
Republic of Mali

말리 젠비 마을의 시장 상인들

국기 제정일: 1961년 3월 1일

1959년 4월에 구 프랑스령 수단은 세네갈과 통합하고, 말리 연방을 결성했다. 그 국기는 중앙에 카나가라고 하는 흑인상을 그린 초록, 노랑, 빨강의 세로 삼색기였다. 1960년 8월에 세네갈의 분리에 따라 말리 연방은 해체되고, 1960년 9월에 말리 공화국은 단독으로 독립을 선언한 뒤, 1961년에 사람의 형상 숭배를 금지하는 이슬람교도의 반대도 있어 카나가를 국기에서 없앴다. 초록은 비옥한 토지, 노랑은 광물 자원, 빨강은 독립 투쟁으로 흘린 피를 나타낸다.

- 위치 : 북서 아프리카 내륙, 세네갈 등 7개국과 접경
- 면적: 124만 km²
- 인구: 1,910만 명
- 수도: 바마코
- 통화 단위: CFA 프랑
- 주요 언어: 프랑스어, 밤바라어
- 민족: 밤바라, 풀라니, 볼타익, 송가이족 등
- 주요 종교: 이슬람교
- 성립 · 독립 연월일: 1960. 9. 22.
- 1인당 GDP: 924달러
- 국제 연합 가입 연월: 1960. 9.
- 대한민국과 국교 수교일: 1990. 9. 27.

국장 제정일: 1973년 10월 20일

인장형 국장으로, 태양 위의 2개의 활과 화살 사이에 송가이 제국 젠네 모스크, 윗부분에 독수리, 주위에 국명과 프랑스어로 "Un Peuple, Un But, Une Foi(하나의 국민, 하나의 목표, 하나의 신념)" 라고 쓰여 있는 표어 리본을 배치하였다.

모로코
Kingdom of Morocco

나라꽃: 장미
과명: 장미과
영명: Rose
꽃말: 애정, 아름다움, 열렬한 사랑

국장 제정일: 1957년 8월 14일

중앙에 방패, 윗부분에 왕관, 방패잡이에는 국왕의 권위를 나타내는 2마리의 사자, 아랫부분에 「만약 당신이 신을 도와준다면 신이 당신을 도와줄 것이다」라고 쓰여 있는 아랍어 표어 리본, 방패 가운데에는 국기와 똑같은 디자인과 영토를 나타내는 아틀라스산맥과 떠오르는 태양을 배치하였다.

국기 제정일: 1915년 11월 17일

19세기부터 모로코에서는 무늬가 없는 빨간색 기가 사용되어 왔는데, 20세기 초에 프랑스의 보호령이 된 다음, 무늬가 없는 빨간색 기는 북아프리카의 다른 나라에서도 사용되고 있었기 때문에 그것들과 구별하기 위해 1915년, 국기의 중앙에 예전부터 행운의 표시로 건물, 의복 등에 사용되어 온 초록색 별 모양의 「솔로몬의 인장」을 추가한 국기를 제정했다. 초록은 이슬람교, 빨강은 모로코의 알라위트 왕조를 나타낸다.

- 위치: 북아프리카 북서단
- 면적: 44.7만 ㎢
- 인구: 3,560만 명
- 수도: 라바트
- 통화 단위: 모로코 디르함
- 주요 언어: 아랍어, 베르베르어, 프랑스어
- 민족: 아랍인, 베르베르인
- 주요 종교: 이슬람교(수니파)
- 성립 · 독립 연월일: 1956. 3. 2.
- 1인당 GDP: 3,345달러
- 국제 연합 가입 연월: 1956. 11.
- 대한민국과 국교 수교일: 1962. 7. 6.

모리셔스
Republic of Mauritius

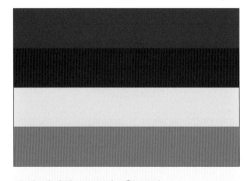

나라꽃: 귀걸이나무
과명: 아욱과
영명: Earring Tree

국장 제정일: 1906년 8월 25일

중앙에 방패, 방패잡이에 사탕수수를 들고 있는 삼바사슴과 18세기에 절멸한 도도라는 새, 아랫부분에 라틴어로 "Stella Clavisque Maris Indici (인도양의 별과 열쇠)" 라고 쓰여 있는 표어 리본, 방패 속에는 갈레선, 3그루의 야자나무, 표어에 나오는 괭이와 별을 배치한 것이다. 식민지 시대의 지역 문장을 독립 후에도 문장으로 사용하는 것은 드문 사례이다.

국기 제정일: 1968년 3월 12일

1968년 3월 12일, 영국령 모리셔스 제도가 영국으로부터 독립했을 때에 새로운 국기가 게양되었는데, 그 이후 국기는 변하지 않았다. 빨강은 독립 투쟁, 노랑은 독립에 의해 쟁취한 자유의 빛, 초록은 아열대 기후와 농업을 나타낸다. 이들 4색은 국장에서 취한 것인데, 무늬가 없는 가로 줄무늬 4색 국기는 모리셔스 공화국 외에는 볼 수가 없다.

- 위치: 아프리카 대륙 서부, 기니 남쪽 접경
- 면적: 2,040㎢
- 인구: 130만 명
- 수도: 포트루이스
- 통화 단위: 모리셔스 루피
- 주요 언어: 영어, 프랑스어, 크레올어, 힌두어
- 민족: 인도계, 크레올족, 중국계
- 주요 종교: 힌두교, 가톨릭, 이슬람교
- 성립 · 독립 연월일: 1968. 3. 12.
- 1인당 GDP: 11,361달러
- 국제 연합 가입 연월: 1968. 4.
- 대한민국과 국교 수교: 1992. 1. 31. 폐쇄

모리타니
Islamic Republic of Mauritania

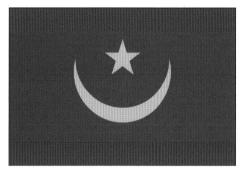

모리타니 수도 누악쇼트

국장 제정일: 1960년 8월 3일
인장형 문장으로, 중앙의 초록색 원 가운데에 이슬람교의 상징인 노란색 별과 초승달, 나라의 대표적인 식물인 대추야자나무와 사탕수수 이삭, 둘레에 아랍어와 프랑스어로 국명을 배치하였다.

국기 최초 계양일: 2017년 11월 28일
모리타니는 현재까지 남부의 아프리카 흑인보다 북부의 이슬람교도의 지배를 받아 왔기 때문에 국기에도 이슬람색이 짙게 나타나 있다. 국기의 바탕색인 초록과 별과 초승달은 이슬람교의 상징으로, 초록은 밝은 미래에 대한 희망, 노랑은 사하라사막을 나타낸다. 2017년 8월, 프랑스로부터의 독립 투쟁의 희생자를 나타내는 2줄의 빨간색 줄무늬를 추가하기로 결정했다.

- 위치: 아프리카 북서부 대서양 연안, 말리와 접경
- 면적: 103.1만 ㎢
- 인구: 410만 명
- 수도: 누악쇼트
- 통화 단위: 우기야
- 주요 언어: 아랍어, 프랑스어
- 민족: 무어족, 흑인계
- 주요 종교: 이슬람교(수니파)
- 성립 · 독립 연월일: 1960. 11. 28.
- 1인당 GDP: 1,392달러
- 국제 연합 가입 연월: 1961. 10.
- 대한민국과 국교 수교일: 1963. 7. 30.

모잠비크
Republic of Mozambique

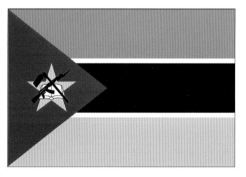

모잠비크 수도 마푸투의 시청

국장 제정일: 1990년 11월 30일
중앙에 교육을 나타내는 펼쳐진 책, 태양, 전쟁으로부터 평화로의 이행을 나타내는 소총과 괭이, 공업화를 나타내는 톱니바퀴, 윗부분에 사회주의의 빨간색 오각 별, 주위에 국명 리본을 붙인 사탕수수와 옥수수 화환을 배치하였다.

국기 제정일: 1983년 5월 1일
1975년 6월, 포르투갈로부터 독립을 달성했을 때에 국기를 제정했지만, 1983년에 주요 정당인 모잠비크 해방 전선의 당기와 유사한 국기로 변경했다. 괭이는 농민, 책은 교육, 소총은 국토방위를 나타낸다. 초록은 국토의 풍성함, 하양은 자유와 평화, 검정은 아프리카 대륙, 노랑은 광물 자원, 빨강은 독립 투쟁으로 흘린 피, 별은 국민의 국제 연대를 나타낸다. 1990년 국명을 모잠비크 인민 공화국에서 모잠비크 공화국으로 바꾸었다.

- 위치: 아프리카 대륙 동남부, 탄자니아 남부 접경
- 면적: 79.9만 ㎢
- 인구: 3,120만 명
- 수도: 마푸투
- 통화 단위: 메티칼
- 주요 언어: 포르투갈어
- 민족: 샹간족, 초퀘족, 마니카족, 세나족 등
- 주요 종교: 크리스트교(가톨릭, 개신교), 이슬람교
- 성립 · 독립 연월일: 1975. 6. 25.
- 1인당 GDP: 484달러
- 국제 연합 가입 연월: 1975. 9.
- 대한민국과 국교 수교일: 1993. 8. 11.

베냉
Republic of Benin

국기 제정일: 1959년 11월 16일
국기 부활일: 1990년 8월 1일

1958년에 프랑스 공동체 내의 자치 공화국이 되고, 1959년에 범아프리카색으로 이루어진 국기가 제정되었다. 1960년 8월 1일 다호메이 공화국으로 독립한 이후에도 이 국기가 사용되었다. 1975년 국명이 베냉 공화국으로 바뀌면서 국기가 변경되었다. 1990년 사회주의 정권이 붕괴되고 국명이 변경되지는 않았지만 국기는 이전의 것으로 되돌아갔다. 초록은 재생에 대한 희망, 노랑은 국가의 부, 빨강은 조상의 용기를 나타낸다.

베냉의 수도 포르토노보의 모스크

- 위치: 서아프리카 대서양 연안 나이지리아와 접경
- 면적: 11.3만 ㎢
- 인구: 1,180만 명
- 수도: 포르토노보
- 통화 단위: CFA 프랑
- 주요 언어: 프랑스어, 토착어
- 민족: 폰족, 요루바족, 아쟈족 등 40여 종족
- 주요 종교: 토속 신앙, 크리스트교, 이슬람교
- 성립 · 독립 연월일: 1960. 8. 1.
- 1인당 GDP: 1,217달러
- 국제 연합 가입 연월: 1960. 9.
- 대한민국과 국교 수교일: 1961. 8. 1.

국장 제정일: 1964년 4월 9일
국장 부활일: 1990년 8월 1일

중앙에 방패, 윗부분에 빵나무의 열매를 넣은 풍요의 뿔, 방패 잡이에 2마리의 표범, 아랫부분에 프랑스어로 "Fraternite, Justice, Travail(우애, 정의, 노동)" 라고 쓰여 있는 표어 리본, 방패 속에는 옛 다호메이왕국 솜바성, 성기사단 훈장, 야자나무, 범선을 배치하였다.

보츠와나
Republic of Botswana

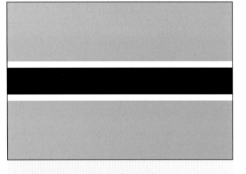

국기 제정일: 1966년 9월 30일

이 나라는 매우 건조하기 때문에 국기의 파랑은 생명의 근원인 물과 비를 나타내며, 검은색과 흰색 줄무늬는 흑인과 백인의 융화를 나타낸다. 이 무렵에 이웃 국가인 남아프리카 공화국이 흑인을 차별하는 아파르트헤이트 정책을 펴고 있었다. 국기는 1966년 영국으로부터의 독립일에 처음으로 게양되었다.

나라꽃: 수수
과명: 볏과
영명: Grain Sorghum
꽃말: 끈기, 결실

- 위치: 남아프리카 남아프리카 공화국과 접경
- 면적: 58.2만 ㎢
- 인구: 240만 명
- 수도: 가보로네
- 통화 단위: 풀라
- 주요 언어: 영어, 츠와나어
- 민족: 츠와나족, 카랑가족
- 주요 종교: 크리스트교
- 성립 · 독립 연월일: 1966. 9. 30.
- 1인당 GDP: 7,859달러
- 국제 연합 가입 연월: 1966. 10.
- 대한민국과 국교 수교일: 1968. 4. 18.

국장 제정일: 1966년 9월 30일

중앙에 전통적인 부족의 방패, 방패잡이에 상아와 사탕수수를 들고 있는 2마리의 얼룩말은 국기의 검은색과 흰색의 줄무늬와 똑같은 의미를 나타낸다. 아랫부분에 보츠와나어로 "Pula(비)" 라고 쓰여 있는 표어 리본, 방패 속에는 공업을 나타내는 3개의 톱니바퀴, 축산업을 나타내는 물소의 머리, 강을 나타내는 3개의 물결선을 배치하였다.

부룬디
Republic of Burundi

부룬디의 수도 부줌부라

국기 제정일: 1982년 9월 27일

국기의 원형은 1962년 7월 1일 독립하기 전에 결정되었는데, 사선 십자와 중심 원의 하양은 평화, 빨강은 벨기에로부터의 독립 투쟁, 초록은 미래 발전에 대한 희망을 나타낸다. 초록으로 테두리가 되어 있는 빨간색 3개의 육각 별은 1966년 부룬디가 왕국에서 공화국으로 바뀌었을 때 추가되었고, 국가의 표어인 「통일, 노동, 진보」를 나타낸다. 국기의 세로 가로의 비율은 1967년에 2 : 3으로 제정되었지만, 1982년에 3 : 5로 변경되었다.

- 위치: 아프리카 중부 내륙, 탄자니아와 접경
- 면적: 2.8만 ㎢
- 인구: 1,150만 명
- 수도: 부줌부라
- 통화 단위: 부룬디 프랑
- 주요 언어: 프랑스어, 키룬디어
- 민족: 후투족, 투치족, 트와족
- 주요 종교: 크리스트교(가톨릭, 개신교)
- 성립 · 독립 연월일: 1962. 7. 1.
- 1인당 GDP: 310달러
- 국제 연합 가입 연월: 1962. 9.
- 대한민국과 국교 수교일: 1991. 10. 3.

국장 제정일: 1966년 11월 29일

방패형 문장으로, 중앙에 노란색 사자의 머리를 그린 빨간색 방패, 뒤에 부룬디의 후투족, 투치족, 트와족의 3개 민족을 나타내는 3개의 창, 아랫부분에는 프랑스어로 "Unite, Travail, Progres(통일, 노동, 진보)" 라고 쓰여 있는 표어 리본을 배치하였다.

부르키나파소
Burkina Faso

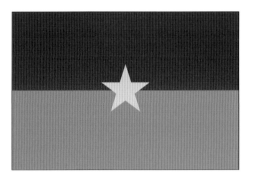

나라꽃: 장미(분홍)
과명: 장미과
영명: Rose
꽃말: 사랑의 맹세, 망설임

국기 제정일: 1984년 8월 4일

1897년에 프랑스의 보호령이 되었다가 1904년에 프랑스령 서아프리카에 편입되고, 1958년에 자치령, 1960년 8월에 검정, 하양, 빨강의 가로 삼색기 아래서 오트볼타 공화국으로 독립했다. 1884년 8월 4일에 모시어로 「청렴한 국가」를 의미하는 부르키나파소로 국명을 변경하고, 국기도 범아프리카색으로 변경했다. 빨강은 혁명 투쟁, 초록은 농업과 천연자원, 노랑은 국가의 부, 별은 혁명을 나타낸다.

- 위치: 서아프리카 내륙 말리와 접경
- 면적: 27.4만 ㎢
- 인구: 2,030만 명
- 수도: 와가두구
- 통화 단위: CFA 프랑
- 주요 언어: 프랑스어, 모시어, 디울라어
- 민족: 모시족, 그룬시족, 세누포족, 로비족, 보보족, 만데족, 풀라니족 등
- 주요 종교: 이슬람교, 크리스트교, 토속 신앙
- 성립 · 독립 연월일: 1960. 8. 5.
- 1인당 GDP: 718달러
- 국제 연합 가입 연월: 1960. 9.
- 대한민국과 국교 수교일: 1962. 7. 27.

국장 제정일: 1997년 8월 1일

중앙에 국기와 똑같은 디자인의 방패, 뒤에 국토 방위를 나타내는 2자루의 창, 방패잡이에 국민의 고상함을 나타내는 2마리의 백마, 윗부분에 국명을 쓴 리본, 아랫부분에 교육과 자급자족을 나타내는 펼쳐진 책과 옥수수, 맨 밑에 프랑스어로 "Unite, Progres, Justice(통일, 진보, 정의)" 라고 쓰여 있는 표어 리본을 배치하였다.

상투메 프린시페
Democratic Republic of Sao Tome and Principe

상투메 프린시페 대통령 궁전

국기 제정일: 1975년 11월 5일

1975년 7월 12일에 포르투갈로부터 독립했는데, 독립 투쟁을 주도한 상투메 프린시페 해방 운동 당기를 모델로 하여 국기를 만들었다. 범아프리카색을 사용하였는데, 빨강은 독립 투쟁으로 흘린 피, 노랑은 주요 산업인 코코아를 나타낸다. 검은색 2개의 오각 별은 상투메섬과 프린시페섬을 나타내며, 검은색 별은 가나 국기의 영향을 받았다고 한다.

- 위치: 아프리카 중서부 기네만 대서양상 제도
- 면적: 964㎢
- 인구: 22만 명
- 수도: 상투메
- 통화 단위: 도브라
- 주요 언어: 포르투갈어, 토착어
- 민족: 포르투갈인, 앙골라인
- 주요 종교: 크리스트교
- 성립 · 독립 연월일: 1975. 7. 12.
- 1인당 GDP: 1,933달러
- 국제 연합 가입 연월: 1975. 9.
- 대한민국과 국교 수교일: 1988. 8. 20.

국장 제정일: 1975년 11월 5일

중앙에 있는 코코아 모양의 방패 속에 주요 산물인 야자나무 가지를 그리고, 윗부분에 아프리카의 자유를 나타내는 검은 별과 국명을 쓴 리본, 별 아래에 국기와 똑같은 색으로 된 반원 천, 방패 왼쪽에 매, 오른쪽에 앵무새, 아랫부분에 포르투갈어로 "Unidade, Disciplines, Trabalho (단결, 훈련, 노동)" 라고 쓰여 있는 표어 리본을 배치하였다.

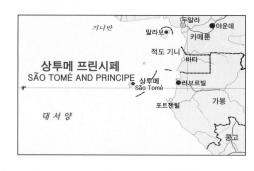

세네갈
Republic of Senegal

나라꽃: 벼
과명: 볏과
영명: Rice
꽃말: 풍요, 여유

국기 제정일: 1960년 8월 20일

1960년 6월에 구 프랑스령 수단과 결성한 말리 연방으로 프랑스로부터 독립했지만, 같은 해 8월 22일에 연방에서 세네갈 공화국으로 분리 독립했다. 말리 연방의 국기는 중앙에 카나가라고 하는 흑인상을 그린 범아프리카색의 세로 삼색기였지만, 이 흑인상을 초록색 오각 별로 바꾼 기를 국기로 제정했다. 초록은 발전에 대한 희망, 노랑은 천연자원, 빨강은 독립 투쟁으로 흘린 피, 중앙의 초록색 오각 별은 희망과 통일을 나타낸다.

- 위치: 서부 아프리카 대서양 연안
- 면적: 19.7만 ㎢
- 인구: 1,680만 명
- 수도: 다카르
- 통화 단위: CFA 프랑
- 주요 언어: 프랑스어, 월로프어, 토착어
- 민족: 월로프족, 푸아르족, 세레르족
- 주요 종교: 이슬람교
- 성립 · 독립 연월일: 1960. 4. 4.
- 1인당 GDP: 1,428달러
- 국제 연합 가입 연월: 1960. 9.
- 대한민국과 국교 수교일: 1962. 10. 19.

국장 제정 연월: 1965년 12월

방패형 문장으로, 윗부분에 희망과 통일을 나타내는 초록색 오각 별, 주위를 프랑스어로 "Un Peuple, Un But, Une Foi(하나의 민족, 하나의 목표, 하나의 신념)" 라고 쓰여 있는 표어 리본을 붙인 야자나무 가지 화환으로 둘러싸고, 아랫부분에 국민 훈장, 방패 속에는 국력을 나타내는 사자, 세네갈강을 나타내는 초록의 물결선, 세네갈 특산물 바오밥나무를 배치하였다.

세이셸
Republic of Seychelles

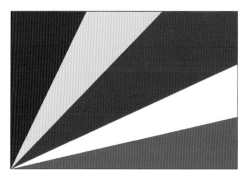

나라꽃: 열대새 난초
과명: 난초과
영명: Tropicbird Orchid

국장 제정일: 1996년 6월 18일

중앙에 방패, 윗부분에 국기와 똑같은 색으로 된 천 화환과 국조인 흰 꼬리 열대조, 방패잡이에는 돛새치, 아랫부분의 표어 리본은 라틴어로 "Finis Coronat Opus(노동은 마지막에 왕관을 씌운다)" 라고 쓰여 있다. 방패 가운데에는 거북, 특산물인 야자나무, 배, 마에섬의 해양 풍경을 배치하였다.

국기 제정일: 1996년 6월 18일

1976년 6월 29일에 영국으로부터 독립했지만, 이듬해에 정변이 일어나고 국기가 변경되었다. 새 국기는 세이셸 인민 연합 당기를 모델로 하여 만들어졌지만, 1993년 새 헌법으로 정부는 다당제를 인정하게 되고, 국기는 지배 정당의 영향을 받지 않는 디자인으로 변경되어, 1996년 다시 새 국기가 도입되었다. 이 새 국기는 아주 특이한 디자인으로, 파랑은 바다와 하늘, 노랑은 태양, 빨강은 국민과 노동, 하양은 정의와 조화, 초록은 국토를 나타낸다.

- 위치: 아프리카 중부 내륙, 탄자니아와 접경
- 면적: 455㎢
- 인구: 10만 명
- 수도: 빅토리아
- 통화 단위: 세이셸 루피
- 주요 언어: 영어, 프랑스어, 크레올어
- 민족: 혼혈 백인, 인도계, 중국계
- 주요 종교: 크리스트교(가톨릭)
- 성립 · 독립 연월일: 1976. 6. 29.
- 1인당 GDP: 17,052달러
- 국제 연합 가입 연월: 1976. 9.
- 대한민국과 국교 수교일: 1976. 6. 28 .

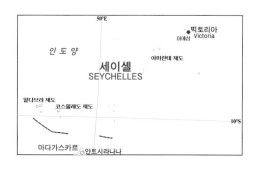

소말리아
Federal Republic of Somalia

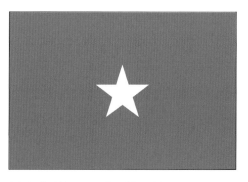

소말리아의 수도 모가디슈

국장 제정일: 1956년 10월 10일

중앙에 국기와 똑같은 디자인을 배치한 방패, 윗부분에 왕관, 방패잡이에 2마리의 표범, 아랫부분에 2자루의 창과 2장의 야자나무 잎과 흰색 띠를 배치하였다.

국기 제정일: 1954년 10월 12일

제2차 세계 대전 후, 구 이탈리아 식민지였던 소말리아는 국제 연합 관리하에 놓이고, 독립에 대비하여 1954년에 국제 연합 기에서 유래된 담청색과 흰색 별로 된 기가 고안되었다. 흰색 오각 별은 소말리인이 거주하는 5개 지역을 나타낸다. 1960년 7월 1일에 구 이탈리아령 소말리아가 독립하고, 4일 먼저 독립한 구 영국령 소말릴란드와 함께 똑같은 국기 밑에서 통합되어 소말리아 공화국이 되고, 1969년에 소말리아 민주 공화국으로 이름이 바뀌었지만, 2012년에 소말리아 연방 공화국으로 이름이 바뀌었다.

- 위치: 서아프리카 내륙 말리와 접경
- 면적: 63,8만 ㎢
- 인구: 1,460만 명
- 수도: 모가디슈
- 통화 단위: 소말리아 실링
- 주요 언어: 소말리아어, 아랍어, 영어, 이탈리아어
- 민족: 소말리아인, 헴족, 인도인, 아랍인, 반투족
- 주요 종교: 이슬람교(수니파)
- 성립 · 독립 연월일: 1960. 7. 1.
- 1인당 GDP: 483달러
- 국제 연합 가입 연월: 1960. 9.
- 대한민국과 국교 수교일: 1987. 9. 25.

수단
Republic of the Sudan

수단 하르툼의 모스크

국장 제정일: 1985년

국장은 뱀잡이수리가 방패를 품고 날개를 펼치고 있는 것이며, 윗부분에「승리는 우리에게」라고 쓰여 있는 아랍어 표어 리본, 아랫부분에 수단 공화국이라고 쓰여 있는 국명 리본을 배치하였다.

국기 제정일: 1970년 5월 20일

19세기 말부터 영국, 이집트의 공동 통치하에 있다가 1956년에 수단 공화국으로 독립했다. 1969년에 정변이 일어나고, 이듬해인 1970년에 국기가 공개 모집에서 채택된 디자인으로 변경되었다. 이집트의 아랍 해방기에서 유래하며, 「범아프리카색」으로 불리는 4색으로 이루어져 있다. 초록은 농업과 번영, 빨강은 독립 투쟁과 희생자, 하양은 평화, 검정은 국명인「검은 토지」를 나타낸다.

- 위치: 아프리카 동북부, 이집트, 남수단, 에티오피아, 차드 등 7개국과 접경
- 면적: 186만 km²
- 인구: 4,320만 명
- 수도: 하르툼
- 통화 단위: 수단 파운드
- 주요 언어: 아랍어, 영어
- 민족: 아랍계, 누비안족, 콥틱족, 베자족, 누바족
- 주요 종교: 이슬람교(수니파)
- 성립 · 독립 연월일: 1956. 1. 1.
- 1인당 GDP: 714달러
- 국제 연합 가입 연월: 1956. 11.
- 대한민국과 국교 수교일: 1977. 4. 13.

시에라리온
Republic of Sierra Leone

나라꽃: 종려나무
과명: 야자나뭇과
영명: Palm Tree
꽃말: 부활, 승리

국장 제정일: 1960년 12월 1일

국기의 3색과 함께 사자가 그려져 있다. 중앙에 방패, 방패잡이에 야자나무를 붙잡고 있는 2마리의 사자, 아랫부분에 영어로 "Unity, Freedom, Justice(통일, 자유, 정의)"라고 쓰여 있는 표어 리본, 방패 속에는 자유와 지식을 나타내는 3개의 횃불, 「사자의 산」을 나타내는 초록색 톱니바퀴, 해양 교역을 나타내는 파란색과 흰색의 물결선에 사자를 배치하였다.

국기 제정일: 1961년 4월 27일

1961년에 영국에서 독립하고, 독립일에 새 국기가 제정되었다. 초록, 하양, 파랑의 가로 삼색기로 초록은 산업과 산들, 하양은 정의와 통일, 파랑은 세계 평화를 위해 공헌하려는 소망과 중요한 상업항이 있는 프리타운항을 나타낸다. 국명의 기원「사자」는 최초에 이 땅에 도착한 포르투갈인 탐험가가 산에 울려 퍼지는 바다에서 들려오는 천둥과 같은 소리를 듣고「사자의 산」이라고 명명한 것에서 유래한다.

- 위치: 서부 아프리카 대서양 연안, 기니와 접경
- 면적: 7.2만 km²
- 인구: 770만 명
- 수도: 프리타운
- 통화 단위: 레온
- 주요 언어: 영어, 크레올어, 만데어, 템네어
- 민족: 크레올족, 만데족, 템네족, 림바족, 코노족 등
- 주요 종교: 이슬람교, 토속 신앙, 크리스트교
- 성립 · 독립 연월일: 1961. 4. 27.
- 1인당 GDP: 547달러
- 국제 연합 가입 연월: 1961. 9.
- 대한민국과 국교 수교일: 1976. 6. 28.

알제리
People's Democratic Republic of Algeria

나라꽃: 중국붓꽃
과명: 붓꽃과
영명: Wall Iris
꽃말: 풍요, 여유

국장 제정일: 1967년 11월 1일

인장형 국장으로, 가운데에 이슬람교의 상징인 초승달과 별, 아틀라스산맥에서 떠오르는 태양, 보리밭, 올리브와 떡갈나무, 행운을 부르는 파티마의 손을 배치하였다. 파티마는 무함마드의 막내딸로 무함마드의 제자 알리와 결혼하여, 그 자손이 10세기에 파티마 왕조를 열었다.

국기 제정일: 1962년 7월 3일

초록은 번영, 하양은 순수함, 빨강은 독립 투쟁으로 흘린 피를 나타낸다. 초승달과 별도 이슬람교의 상징이며, 이 초승달은 다른 이슬람 제국 국기의 그것에 비해 길고, 이전부터 행운의 표시로 여겨져 왔다. 1830년 이후 프랑스의 지배를 받아, 이 기는 1920년대에 프랑스에 대한 저항 운동으로 지도자 메살리 하지가 사용하였다. 1954년에 임시 정부의 기가 되고 1962년의 독립일에 정식 국기가 되었다.

- 위치: 북부 아프리카 지중해 연안
- 면적: 238.2만 ㎢
- 인구: 4,340만 명
- 수도: 알제
- 통화 단위: 알제리 디나르
- 주요 언어: 아랍어, 베르베르어, 프랑스어
- 민족: 아랍인, 베르베르인
- 주요 종교: 이슬람교(수니파)
- 성립 · 독립 연월일: 1962. 7. 5.
- 1인당 GDP: 3,980달러
- 국제 연합 가입 연월: 1962. 10.
- 대한민국과 국교 수교일: 1990. 1. 15.

앙골라
Republic of Angola

앙골라의 수도 루안다

국장 제정일: 1992년 8월 25일

새로운 국가를 나타내는 태양, 노동을 나타내는 괭이, 독립 투쟁을 나타내는 손도끼, 교육과 문화의 중요성을 나타내는 서적, 국제 연대를 나타내는 오각 별, 농업을 나타내는 옥수수, 커피, 목화와 공업을 나타내는 톱니바퀴로 둘러싸고, 아랫부분에 국명이 쓰여 있는 리본을 배치한 것이다.

국기 제정일: 1975년 11월 11일

1975년에 포르투갈로부터 독립을 한 후에도 몇몇 정치 세력이 국내에서 무력 투쟁을 계속하고 있었다. 최대 세력인 앙골라 해방 인민 운동의 당기는, 중앙에 노란색 오각 별을 그린, 빨간색과 검은색의 가로 2색기였지만, 독립에 즈음해서 이 기에 농민을 나타내는 손도끼와 공업 노동자를 나타내는 톱니바퀴를 추가하여 국기로 정했다. 빨강은 독립 투쟁으로 흘린 피, 검정은 아프리카 대륙, 노랑은 국가의 부를 나타내며, 별은 국제 연대와 진보를 나타낸다.

- 위치: 아프리카 남서부 대서양 연안
- 면적: 124.7만 ㎢
- 인구: 3,010만 명
- 수도: 루안다
- 통화 단위: 콴자
- 주요 언어: 포르투갈어, 반투어
- 민족: 오빔분두족, 킴분두족, 바콩고족
- 주요 종교: 크리스트교(가톨릭, 개신교), 토속 신앙
- 성립 · 독립 연월일: 1975. 11. 11.
- 1인당 GDP: 3,038달러
- 국제 연합 가입 연월: 1976. 12.
- 대한민국과 국교 수교일: 1992. 1. 6.

71

에리트레아
State of Eritrea

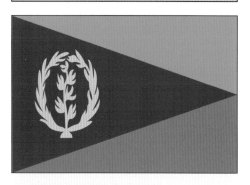

에리트레아 아스마라 성당

국장 제정일: 1993년 5월 24일

원형 문장으로 중앙에 독립 투쟁 때의 주요 운반 수단이었던 사막의 낙타를 그리고, 주위를 올리브 가지 화환으로 둘러싸고, 아랫부분에 영어, 아랍어, 티그레어로 국명을 쓴 리본을 배치한 것이다.

국기 제정일: 1995년 12월 5일

1952년에 에티오피아에 병합되고, 그해에 초록색 올리브 가지를 그려 넣은 최초의 파란색 기가 만들어졌다. 1993년에 에티오피아에서 분리 독립하고, 새 국기가 처음으로 게양되었지만, 1995년에 일부 변경되었다. 초록은 농업, 파랑은 해양 자원, 빨강은 독립 투쟁으로 흘린 피, 노랑은 광물 자원을 나타내며, 빨간색 바탕에 노란색 올리브 가지가 그려져 있다. 30장의 올리브 잎은 독립에 소요된 30년을 나타낸다.

- 위치: 에티오피아 북부 홍해연안
- 면적: 11.8만 ㎢
- 인구: 620만 명
- 수도: 아스마라
- 통화 단위: 낙파
- 주요 언어: 티그리냐어, 아랍어, 영어
- 민족: 티그리냐족, 티그레족, 아파르족, 사호족, 쿠나마족
- 주요 종교: 크리스트교, 이슬람교
- 성립·독립 연월일: 1993. 5. 24.
- 1인당 GDP: 343달러
- 국제 연합 가입 연월: 1993. 5.
- 대한민국과 국교 수교일: 1993. 5. 24.

에스와티니
Kingdom of Eswatini

에스와티니의 전통집

국장 제정일: 1968년 4월 30일

중앙에 국가의 방위를 나타내는 방패와 창을 배치한 파란색 방패, 윗부분에 수컷매의 깃뿌리로 만든 전사의 머리 장식, 방패잡이에 국왕을 나타내는 사자와 여왕의 어머니를 나타내는 코끼리, 아랫부분에 스와지어로 "Siyinqaba(우리는 요새다)"라고 쓰여 있는 표어 리본을 배치하였다.

국기 제정일: 1967년 10월 30일

제2차 세계 대전 중에 영국군에 속해 싸웠던 스와질란드 공병 연대가 현재의 국기와 매우 유사한 국기를 사용하고 있었다. 파랑은 평화와 안정, 노랑은 광물 자원, 암적색은 과거의 전투에서 흘린 피를 나타낸다. 중앙에는 스와질란드의 전통적인 방패와 창, 수컷 매의 깃뿌리가 달려 있는 국왕의 지팡이가 그려져 있는데, 새의 깃뿌리는 왕가를 나타낸다. 영국으로부터의 독립은 국기가 제정된 이듬해인 1968년 9월 6일에 이루어졌다.

- 위치: 남부 아프리카, 남아공 및 모잠비크와 접경
- 면적: 1.7만 ㎢
- 인구: 110만 명
- 수도: 음바바네
- 통화 단위: 릴랑게니
- 주요 언어: 영어, 스와티어
- 민족: 스와지족, 줄루족, 통가족 등
- 주요 종교: 크리스트교, 토속 신앙
- 성립·독립 연월일: 1968. 9. 6.
- 1인당 GDP: 4,177달러
- 국제 연합 가입 연월: 1968. 9.
- 대한민국과 국교 수교일: 1968. 11. 6.

에티오피아
Federal Democratic Republic of Ethiopia

나라꽃: 칼라
과명: 천남성과
영명: Calla Lily
꽃말: 부활, 승리

국기 제정일: 1996년 10월 31일

아프리카 대륙 최고의 독립국으로, 1941년까지의 국명은 아비시니아이다. 최초의 국기는 1897년 범아프리카색인 초록, 노랑, 빨강의 가로 삼색기로 만들어져, 이탈리아 점령 시대를 제외하고는 같은 모양의 국기를 사용해 왔다. 범아프리카색은 1950~1960년대에 탄생한 아프리카 신흥 국가의 많은 국기에 들어가 있다. 1996년 중앙에 국장이 들어가 현재의 국기가 되었다. 초록은 노동, 노랑은 희망, 빨강은 자유를 나타낸다.

- 위치: 아프리카 동북부 홍해 연안
- 면적: 110.4만 ㎢
- 인구: 1억 명
- 수도: 아디스아바바
- 통화 단위: 비르
- 주요 언어: 암하라어, 영어
- 민족: 오로모족, 암하라족, 티그레이족 등 80여 개 부족
- 주요 종교: 에티오피아 정교, 이슬람교
- 성립 · 독립 연월일: B.C. 800년경 고대 에티오피아왕국
- 1인당 GDP: 953달러
- 국제 연합 가입 연월: 1945. 11.
- 대한민국과 국교 수교일: 1963. 12. 23.

국장 제정일: 1996년 2월 6일

간격이 똑같은 노란색 빛줄기에 둘러싸인, 입체 교차하는 별을 파란 원에 배치하였다. 파란 원은 평화, 빛줄기는 밝은 미래, 별은 솔로몬의 인장이며, 국민의 단결, 평등을 나타낸다. 노랑은 빛나는 번영을 나타낸다.

우간다
Republic of Uganda

우간다 국조 관학

국기 제정일: 1962년 10월 9일

1962년에 새 국기 아래서, 영국으로부터 독립했다. 새 국기에는 독립 직전의 총선거에서 승리를 거둔 최대 정당 우간다 국민 회의의 당기의 색인 검정, 노랑, 빨강을 사용하였다. 검정은 국민, 노랑은 태양, 빨강은 형제애를 나타낸다. 중앙의 흰 원에는 국조인 회색 관두루미가 그려져 있는데, 이것은 영국 식민지 시대의 지역 기에도 사용된 것이다.

- 위치: 동부 아프리카, 케냐, 탄자니아와 접경
- 면적: 24.1만 ㎢
- 인구: 3,980만 명
- 수도: 캄팔라
- 통화 단위: 우간다 실링
- 주요 언어: 영어, 스와힐리어, 우간다어
- 민족: 반투족, 바냥콜레족, 바소가족, 바키가족, 이테소족 등
- 주요 종교: 크리스트교, 이슬람교
- 성립 · 독립 연월일: 1962. 10. 9.
- 1인당 GDP: 770달러
- 국제 연합 가입 연월: 1962. 10.
- 대한민국과 국교 수교일: 1963. 3. 26.

국장 제정일: 1962년 9월 21일

중앙의 뒤에 2자루의 창이 세워져 있는 방패, 방패잡이에 사슴과 회색 관두루미, 아랫부분에 나일강과 빅토리아호를 나타내는 파란색과 흰색 줄무늬, 목화와 커피, 영어로 "For God and My Country(신과 조국을 위해)" 라고 쓰여 있는 표어 리본, 방패 가운데에는 적도를 나타내는 태양, 부간다 왕국의 상징인 큰북을 배치하였다.

73

이집트
Arab Republic of Egypt

나라꽃: 수련
과명: 수련신과
영명: Egyptian White Water-lilly
꽃말: 신비, 청결, 부활의 신

국기 제정일: 1984년 10월 4일

1952년에 육군 장교가 왕정을 무너뜨렸을 때, 빨강, 하양, 검정의 새로운 아랍 해방기가 만들어졌다. 빨강은 군주 제도 시대, 하양은 무혈 혁명, 검정은 과거의 억압을 나타낸다. 1958년에 이집트가 시리아와 연합국을 만들었을 때, 2개의 초록별이 추가되었다. 그 후, 1972년에 중앙의 별은 금색 독수리의 문장으로 바꾸고, 다시 1984년에 국장의 금색 독수리로 바꾸고 국기로 제정하였다.

- 위치: 동북 아프리카 지중해 연안
- 면적: 100.1만 km²
- 인구: 1억 명
- 수도: 카이로
- 통화 단위: 이집트 파운드
- 주요 언어: 아랍어
- 민족: 아랍계 이집트인, 베드윈인, 누비아인
- 주요 종교: 이슬람교, 크리스트교(콥트교)
- 성립·독립 연월일: 1922. 2. 28.
- 1인당 GDP: 3,047달러
- 국제 연합 가입 연월: 1945. 10.
- 대한민국과 국교 수교일: 1961. 12. 5.

국장 제정일: 1984년 10월 4일

12세기 카이로에 왕궁을 건설한 이슬람의 지도자 살라딘을 상징하는 금색 독수리로, 가슴에 국기와 똑같이 빨강, 하양, 검정의 세로 줄무늬 방패를 품고, 국명이 쓰여 있는 명판을 발로 붙잡고 있다.

잠비아
Republic of Zambia

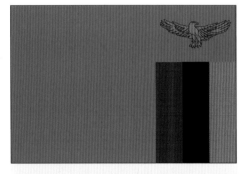

나라꽃: 부겐빌레아
과명: 분꽃과
영명: Great Bougainvillea
꽃말: 정열

국기 사용 개시일: 1964년 10월 24일

통일 민족 독립당이 독립운동을 주도하여 영국령 북로디지아가 1964년 잠비아 공화국으로 독립을 하였다. 새 국기는 독립일에 해당되는 도쿄 국제 올림픽 대회 폐회식날 10월 24일에 처음으로 게양되었다. 도안을 모두 자유롭게 모은 진기한 국기로, 초록은 농업과 삼림 자원, 빨강은 독립 투쟁, 검정은 아프리카인, 오렌지색은 구리, 독수리는 자유와 고난을 이겨 내는 힘을 나타낸다.

- 위치: 아프리카 중남부 내륙국
- 면적: 75.3만 km²
- 인구: 1,830만 명
- 수도: 루사카
- 통화 단위: 잠비아 콰차
- 주요 언어: 영어
- 민족: 반투족
- 주요 종교: 크리스트교, 이슬람교, 힌두교, 토속 신앙
- 성립·독립 연월일: 1964. 10. 24.
- 1인당 GDP: 1,307달러
- 국제 연합 가입 연월: 1964. 12.
- 대한민국과 국교 수교일: 1990. 9. 4

국장 제정일: 1965년 2월 19일

방패형 문장으로, 윗부분에 자유를 나타내는 황색 독수리, 농업과 광업을 나타내는 가래와 곡괭이, 방패잡이에는 남자와 여자, 아랫부분에 광산 시설, 얼룩말, 옥수수, 영어로 "One Zambia, One Nation(하나의 잠비아, 하나의 국민)" 이라고 쓰여 있는 표어 리본, 방패 가운데에는 빅토리아 폭포를 나타내는 흑백의 세로 물결선을 배치하였다.

적도 기니
Republic of Equatorial Guinea

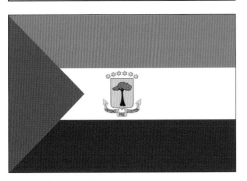

국기 제정일: 1968년 10월 12일
국기 부활일: 1979년 8월 21일
이 국기는 1968년 에스파냐로부터 독립한 날에 제정되었는데, 초록은 농업, 하양은 평화, 빨강은 희생자의 피, 파랑은 5개의 섬과 대륙을 연결하는 바다를 나타낸다. 중앙에는 국장이 그려져 있다. 1972~1979년 사이의 응게마 독재 시대에는 다른 국장을 사용하다가 정권이 바뀌면서, 1979년에 옛 국기가 부활했다.

나라꽃: 장미
과명: 장미과
영명: Rose
꽃말: 아름다움,애정, 사랑,정절

- 위치: : 아프리카 중서부 대서양 연안
- 면적: 2.8만 ㎢
- 인구: 140만 명
- 수도: 말라보
- 통화 단위: CFA 프랑
- 주요 언어: 에스파냐어, 프랑스어, 포르투갈어, 팡어
- 민족: 팡족, 부비족, 페르난디노스족, 피진족
- 주요 종교: 크리스트교(가톨릭), 이슬람교, 토속 신앙
- 성립 · 독립 연월일: 1968. 10. 12.
- 1인당 GDP: 8,927달러
- 국제 연합 가입 연월: 1968. 11.
- 대한민국과 국교 수교일: 1979. 9. 14.

국장 제정일: 1968년 10월 12일
국장 부활일: 1979년 8월 21일
판야나무가 들어간 은색 방패, 국가를 구성하는 5개의 섬과 대륙 지방 리오무니를 상징하는 6개의 금색 별, 아랫부분의 표어 리본에는 에스파냐어로 "Unidad, Paz, Justicia(통일, 평화, 정의)" 라고 쓰여 있다.

중앙아프리카 공화국
Central African Republic

국기 제정일: 1958년 12월 1일
1958년 12월, 프랑스령 우방기 샤리가 중앙아프리카 공화국으로 개칭하고, 새 국기를 제정하였다. 빨강은 아프리카인과 유럽인에게 공통되는 피, 파랑, 하양, 빨강은 구 종주국 프랑스 국기의 색, 초록, 노랑, 빨강은 범아프리카색, 노란색 오각 별은 활력 있는 미래에 대한 소망을 나타낸다. 개개의 색의 의미는 파랑은 자유, 하양은 평화, 초록은 희망, 노랑은 인내, 빨강은 독립 투쟁으로 흘린 피를 나타낸다. 1960년 8월 15일 독립 이후에도 계속 국기로 사용하고 있다.

중앙아프리카 공화국 수도 방기

- 위치: 동부 아프리카, 케냐, 탄자니아와 접경
- 면적: 62.3만 ㎢
- 인구: 520만 명
- 수도: 방기
- 통화 단위: CFA 프랑
- 주요 언어: 상고어, 프랑스어
- 민족: 바야족, 반다족 등 70개 부족
- 주요 종교: 크리스트교(가톨릭, 개신교), 이슬람교, 토속 신앙
- 성립 · 독립 연월일: 1960. 8. 13.
- 1인당 GDP: 448달러
- 국제 연합 가입 연월: 1960. 9.
- 대한민국과 국교 수교일: 1963. 9. 5.

국장 제정일: 1963년 5월 17일
윗부분에 태양, 상고어로 "Zo Kwe Zo(모든 사람은 평등하다)" 라고 쓰여 있는 표어, 방패잡이에 2개의 국기, 아랫부분에 국민 공적 훈장, 맨 아래에 프랑스어로 "Unite, Dignite, Travail (통일, 존엄, 노동)" 라고 쓰여 있는 표어, 방패 속에는 아프리카 대륙의 지도 위에 노란색 오각 별이 그려져 있는 빨간색 방패, 뒤에 코끼리, 바오밥나무, 3개의 다이아몬드, 흑인의 손을 배치하였다.

지부티
Republic of Djibouti

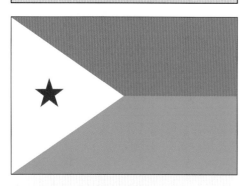

지부티 수도 지부티

국장 제정일: 1977년 6월 27일
중앙에 주권의 방위를 나타내는 방패와 창, 그 위쪽에 통일을 나타내는 빨간색 오각 별, 지부티의 2대 민족인 아파르족과 이사족을 나타내는 두 개의 손에 쥐고 있는 두 자루의 칼, 그 주위에 평화를 나타내는 월계수 가지 화환을 배치하였다.

국기 제정일: 1977년 6월 27일
19세기 말부터 프랑스령 소말리 해안이 1967년 아파르이사로 명칭이 바뀌고, 1977년 지부티 공화국으로 독립했다. 국기의 파랑은 소말리계 이사족, 초록은 에티오피아계 아파르족이며, 이 국가의 2개의 민족 집단을 나타낸다. 또한 파랑은 바다와 하늘, 초록은 대지, 하양은 평화, 빨강은 독립 투쟁, 오각 별은 국가의 통일, 삼각형은 평등을 나타낸다. 이와 비슷한 기는 프랑스의 지배로부터 독립을 주도한 소말리 해안 해방 전선에서 사용되었다.

- 위치: 아프리카 동북단, 홍해 연안
- 면적: 2.3만 ㎢
- 인구: 110만 명
- 수도: 지부티
- 통화 단위: 지부티 프랑
- 주요 언어: 프랑스어, 아랍어
- 민족: 소말리족, 아파르족
- 주요 종교: 이슬람교
- 성립 · 독립 연월일: 1977. 6. 27.
- 1인당 GDP: 2,936달러
- 국제 연합 가입 연월: 1977. 9.
- 대한민국과 국교 수교일: 1977. 12. 7.

짐바브웨
Republic of Zimbabwe

나라꽃: 불꽃 릴리
과명: 콜치카세아과
영명: Flame Lily
꽃말: 빛남, 영광

국장 제정일: 1981년 9월 21일
중앙에 방패, 뒤에 괭이와 소총, 윗부분에 희망을 나타내는 빨간 별과 큰 짐바브웨새, 받침대에 옥수수, 목화, 밀, 아랫부분에 영어로 "Unity, Freedom, Work(통일, 자유, 노동)" 이라고 쓰여 있는 표어 리본, 방패잡이에 2마리의 쿠두, 방패 가운데에는 수자원을 나타내는 파란색과 흰색 물결선, 국가의 위대한 역사를 나타내는 짐바브웨 유적을 배치하였다.

국기 제정일: 1980년 4월 18일
예전에는 영국령 남로디지아로 불리었으며, 1965년 백인 정권에 의해 「로디지아」 독립 선언을 거쳐, 1980년 짐바브웨 공화국으로 독립했다. 국기의 4색은 독립을 주도한 짐바브웨 아프리카 민족 동맹 애국 전선의 당기의 색으로, 흰색 삼각형에 짐바브웨 유적의 문장에서 취한 큰 짐바브웨 새가 그려져 있다. 초록은 농업, 노랑은 광물 자원, 빨강은 독립 투쟁, 검정은 흑인, 하양은 평화와 진보, 새 뒤의 빨간색 오각 별은 희망을 나타낸다.

- 위치: 아프리카 동남부 내륙국 잠비아와 접경
- 면적: 39.1만 ㎢
- 인구: 1,490만 명
- 수도: 하라레
- 통화 단위: 미국 달러, 남아프리카 공화국 랜드
- 주요 언어: 영어, 쇼나어, 은데벨레어
- 민족: 쇼나족, 은데벨레족
- 주요 종교: 토속 신앙, 크리스트교
- 성립 · 독립 연월일: 1980. 4. 18.
- 1인당 GDP: 860달러
- 국제 연합 가입 연월: 1980. 8.
- 대한민국과 국교 수교일: 1994. 11. 18.

차드
Republic of Chad

차드 북부의 사하라 사막

국장 제정일: 1970년 8월 11일

중앙에 차드호를 나타내는 톱니 모양의 방패, 윗부분에 태양, 방패잡이인 차드 북부를 나타내는 산양과 남부를 나타내는 사자한테는, 주요 산물인 돌소금을 나타내는 위로 향한 빨간 화살표가 붙어 있다. 아랫부분에 공화국 훈장, 맨 밑에 프랑스어로 "Unite, Travail, Progres(통일, 노동, 진보)" 라고 쓰여 있는 표어 리본을 배치하였다.

국기 제정일: 1959년 11월 6일

프랑스의 식민지였지만, 1950년대 말에 자치권을 인정받아 역사적인 배경 없이 국기를 제정하게 되었다. 이 지역에 세로 삼색기가 많은 것은 프랑스 국기의 영향으로 볼 수 있다. 차드는 프랑스 국기의 가운데 흰색을 노란색으로 바꾼 기를 1959년 국기로 제정했다. 파랑은 하늘과 희망, 노랑은 태양과 사막, 빨강은 진보와 통일을 나타낸다. 루마니아 국기와 매우 흡사하지만, 차드는 파란색이 짙다.

- 위치: 아프리카 중부 내륙
- 면적: 128.4만 km²
- 인구: 1,280만 명
- 수도: 은자메나
- 통화 단위: CFA 프랑
- 주요 언어: 프랑스어, 아랍어
- 민족: 사라족, 아랍인, 마요-케비족 등
- 주요 종교: 이슬람교, 크리스트교
- 성립 · 독립 연월일: 1960. 8. 11.
- 1인당 GDP: 861달러
- 국제 연합 가입 연월: 1960. 9.
- 대한민국과 국교 수교일: 1961. 8. 6.

카메룬
Republic of Cameroon

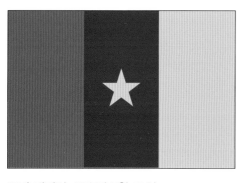

나라꽃: 수련
과명: 수련신과
영명: Egyptian White Water-lilly
꽃말: 신비, 청결, 청순

국장 제정 연도: 1986년

방패형 문장으로, 뒤에 고대 로마 집정관이 쓰던 2자루의 파스케스, 윗부분에 영어로 "Peace, Work, Fatherland", 프랑스어로 "Paix, Travail, Patrie「평화, 노동, 조국」이라고 쓰여 있는 표어, 아랫부분에 2개 국어로 국명을 쓴 리본, 방패 속은 국기와 똑같은 색으로 도안이 되어 있고, 중앙에 카메룬 영토, 오각 별, 평등을 나타내는 천칭을 배치한 것이다.

국기 제정일: 1975년 5월 20일

구 프랑스령 서아프리카의 정당 아프리카 민주연합의 당기에서 유래하며, 1957년에 초록, 빨강, 노랑의 세로 삼색의 지역 기를 제정했다. 1960년에 구 프랑스령 동부 카메룬이 독립하고, 1961년에 구 영국령인 남부를 합쳐 카메룬 연방 공화국, 1972년에 카메룬 연합 공화국이 되었다. 1975년 세로 삼색기의 국기를 제정하고, 1984년에 카메룬 공화국으로 이름을 바꾸었다. 중앙의 노란색 오각 별은 국가의 통일을 나타내며, 초록은 남부의 풍부한 삼림, 빨강은 독립과 남북의 단결, 노랑은 북부의 사바나를 나타낸다.

- 위치: 아프리카 중서부 대서양 연안
- 면적: 47.6만 km²
- 인구: 2,550만 명
- 수도: 야운데
- 통화 단위: CFA 프랑
- 주요 언어: 프랑스어, 영어
- 민족: 반투족, 키르디족, 풀라니족 등 200여 종족
- 주요 종교: 크리스트교, 이슬람교, 토속 신앙
- 성립 · 독립 연월일: 1961. 10. 1.
- 1인당 GDP: 1,515달러
- 국제 연합 가입 연월: 1960. 9.
- 대한민국과 국교 수교일: 1961. 8. 10.

카보베르데
Republic of Cabo Verde

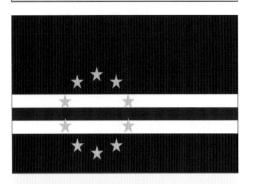

나라꽃: 거베라 데이지
과명: 국화과
영명: Gerbera Daisy
용도: 정원 장식용

국기 제정일: 1992년 9월 25일

1975년에 포르투갈로부터 독립한 이후 계속된 일당 독재 체제가 1990년에 폐지되고 복수 정당제가 되었으며, 1992년에 새 국기가 제정되었다. 10개의 노란색 오각 별은 국가를 구성하는 10개의 섬을 나타내며, 파랑은 대서양과 하늘, 하양은 평화, 빨강은 국민의 노력을 나타낸다. 또한 파랑과 하양은 예전 포르투갈 국기의 색이며, 빨강, 하양, 파랑은 미국 국기의 색으로 카보베르데 공화국과 양국과의 긴밀한 관계를 나타낸다.

국장 제정일: 1992년 9월 25일

원형 문장으로, 중앙에 평등을 나타내는 파란색 삼각형에 자유를 나타내는 햇불을 넣고, 주위에 아치형으로 국명, 바다를 나타내는 3가닥의 파란색 가로줄, 윗부분에 미덕과 공정함을 나타내는 노란색 추, 아랫부분에 독립 투쟁을 나타내는 야자나무 가지, 연대와 우정을 나타내는 노란색 사슬, 국가를 구성하는 10개의 섬을 나타내는 10개의 노란색 오각별을 배치하였다.

- 위치: 북서부 아프리카 대서양상의 10여 개 도서
- 면적: 4,033㎢
- 인구: 56만 명
- 수도: 프라이아
- 통화 단위: 카보베르데 에스쿠도
- 주요 언어: 포르투갈어, 크레올어
- 민족: 크레올인, 아프리카인
- 주요 종교: 크리스트교(가톨릭)
- 성립 · 독립 연월일: 1975. 7. 5.
- 1인당 GDP: 3,599달러
- 국제 연합 가입 연월: 1975. 9.
- 대한민국과 국교 수교일: 1988. 10. 3.

케냐
Republic of Kenya

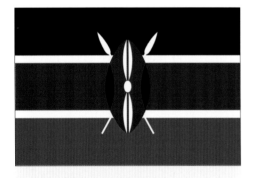

나라꽃: 자카란다
과명: 능소화과
영명: Blue Jacaranda, Fern Tree
꽃말: 화사한 행복

국기 제정일: 1963년 11월 29일

영국으로부터의 독립 투쟁을 주도한 케냐 아프리카 민족 동맹의 당기를 모델로 하여 만들어진 기인데, 1963년의 독립일에 국기로 제정되었다. 검정은 국민, 빨강은 자유를 얻기 위한 투쟁, 초록은 자연의 풍부함, 두 개의 흰색 줄무늬는 평화와 통일을 나타낸다. 중앙에는 자유를 얻기 위한 투쟁의 상징으로 마사이족의 방패와 창이 그려져 있다.

국장 제정일: 1963년 10월 15일

중앙에 방패, 뒤에 2자루의 빨간색 창, 방패잡이에 2마리의 노란색 사자, 받침대에 커피, 차, 옥수수, 파인애플, 제충국, 마와 케냐산, 하단에 스와힐리어로 "Harambee(함께 노동을)" 라고 쓰여 있는 표어 리본을 배치했다. 방패 가운데에는 국기와 똑같은 색으로 도안이 구성되어 있고, 중앙에 케냐 · 아프리카 민족 동맹의 상징인 도끼를 든 수탉을 배치하였다.

- 위치: 아프리카 동부해안, 탄자니아와 접경
- 면 적: 58만 ㎢
- 인구: 4,940만 명
- 수도: 나이로비
- 통화 단위: 케냐 실링
- 주요 언어: 스와힐리어, 영어
- 민족: 키쿠유족, 루히야족, 루오족, 칼렌진족, 캄바족 등 약 43개 부족
- 주요 종교: 크리스트교, 이슬람교
- 성립 · 독립 연월일: 1963. 12. 12.
- 1인당 GDP: 1,998달러
- 국제 연합 가입 연월: 1963. 12.
- 대한민국과 국교 수교일: 1964. 2. 7.

코모로
Union of Comoros

국기 제정일: 2001년 12월 23일

2001년에 국명을 「코모로 이슬람 연방 공화국」에서 「코모로 연합」으로 변경하면서 새로운 국기를 제정했다. 노랑은 태양과 진보와 모헬리섬, 하양은 자유와 순수함과 마요트섬, 빨강은 프랑스로부터의 독립 투쟁으로 흘린 피와 앙주앙섬, 파랑은 인도양과 그랑드코모르섬, 초록과 초승달은 이슬람교를 나타낸다. 4개의 흰색 오각 별은 코모로 연합이 고유의 영토라고 주장하는 프랑스령 마요트섬을 포함한 4개의 섬을 상징한다.

나라꽃: 일랑일랑
과명: 포포나뭇과
영명: Ylang Ylang
용도: 향수 원료, 아로마 테라피

- 위치: 서부 인도양(모잠비크와 마다가스카르 사이)
- 면적: 2,235km²
- 인구: 87만 명
- 수도: 모로니
- 통화 단위: 코모로 프랑
- 주요 언어: 프랑스어, 아랍어, 코모로어
- 민족: 카프레족, 마코아족, 사카라바족
- 주요 종교: 이슬람교(수니파)
- 성립 · 독립 연월일: 1975. 7. 6.
- 1인당 GDP: 1,350달러
- 국제 연합 가입 연월: 1975. 11.
- 대한민국과 국교 수교: 1979. 2. 19 .

국장 제정일: 2005년 3월 21일

중앙에 초록색 8개의 빛, 그 위에 구성되어 있는 4개의 섬을 나타내는 4개의 오각 별을 그려 넣은 이슬람의 상징 초승달, 상하에 프랑스어와 아랍어로 쓴 국명, 그 둘레에 식물 화환, 하단에는 프랑스어로 "Unite, Solidarite, Developpement(통일, 연대, 발전)"라고 쓰여 있는 표어 리본을 배치하였다.

코트디부아르
Republic of Côte d'Ivoire

국기 제정일: 1959년 12월 3일

코트디부아르라는 국명은 프랑스어로 「상아 해안」을 의미하며, 1960년 8월 7일 독립의 바로 전인 1959년에 새로운 세로 삼색기를 제정했다. 오렌지색은 풍부한 국토와 해방 투쟁을 한 젊은 이들의 피, 초록은 장래에 대한 희망, 하양은 정의 있는 평화와 순수함을 나타낸다. 이 3색은 독립으로 이끈 코트디부아르 민주당의 당기에서 유래하였다.

코트디부아르의 수도 야무수크로
'평화의 성모 대성당'

- 위치: 서부 아프리카 대서양 연안.
- 면적: 32.2만 km²
- 인구: 2,630만 명
- 수도: 야무수크로
- 통화 단위: CFA 프랑
- 주요 언어: 프랑스어
- 민족: 아칸족, 구르족, 만데족, 크루족
- 주요 종교: 이슬람교, 크리스트교, 토속 신앙
- 성립 · 독립 연월일: 1960. 8. 7.
- 1인당 GDP: 1,691달러
- 국제 연합 가입 연월: 1960. 9.
- 대한민국과 국교 수교일: 1961. 7. 28.

국장 제정 연도: 2011년

방패형 문장으로, 뒤에 떠오르는 태양, 방패 양쪽에 주요 산물인 야자나무, 아랫부분에 국명을 쓴 노란색 리본, 초록색 방패 속에는 국명의 유래가 된 흰 아프리카 사바나 코끼리의 머리를 배치하였다.

콩고
Republic of the Congo

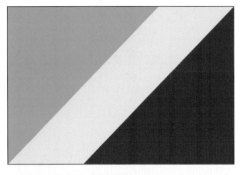

국기 제정일: 1959년 9월 15일
국기 부활일: 1991년 6월 10일

사선으로 디자인된 범아프리카색의 삼색기는 1959년에 제정되었는데, 초록은 삼림과 농업, 노랑은 우정과 국민의 긍지, 빨강은 독립 투쟁으로 흘린 피를 나타낸다. 1960년 8월 15일 프랑스로부터의 독립 이후에도, 국기로 사용되었고, 1969년 사회주의 정권이 탄생하여 일시적으로 국기가 바뀌었지만, 1961년 9월에 원래의 디자인으로 돌아갔다.

나라꽃: 마호가니
과명: 멀구슬나뭇과
영명: Mahogany
꽃말: 고결, 순수

- 위치: 아프리카 중서부 대서양을 면하여 소재
- 면적: 34.2만 ㎢
- 인구: 460만 명
- 수도: 브라자빌
- 통화 단위: CFA 프랑
- 주요 언어: 프랑스어, 링갈라어, 키투바어
- 민족: 콩고족, 상하족, 테케족
- 주요 종교: 크리스트교, 토속 신앙
- 성립 · 독립 연월일: 1960. 8. 15.
- 1인당 GDP: 2,534달러
- 국제 연합 가입 연월: 1960. 9.
- 대한민국과 국교 수교일: 1961. 8. 21.

국장 제정일: 1963년 8월 12일
국장 부활일: 1991년 6월 10일

방패형 문장으로, 방패에는 자유로운 국민을 나타내는 빨간색 횃불을 가진 빨간색 사자, 콩고강을 나타내는 초록색의 물결 모양 띠가 그려져 있다. 방패잡이에 두 마리의 코끼리, 윗부분에 국명을 쓴 밀림 형태의 관, 아랫부분에 프랑스어로 "Unite, Travail, Progres(통일, 노동, 진보)"라고 쓰여 있는 표어 리본을 배치하였다.

콩고 민주 공화국
Democratic Republic of the Congo

국기 제정일: 2006년 2월 18일

1960년에 벨기에로부터 독립을 달성했지만, 정치적 불안이 계속되어 1971~1997년에는 자이레 공화국으로 국명을을 개정하였다가 1997년에 현재의 국명으로 개정했으며, 독립 당시의 6개의 노란색 별을 그린 파란색 기가 사용되었다. 2006년 2월 새 헌법 공포와 함께 1963~1971년에 사용되었던 국기와 비슷한 새 국기를 제정하였다. 파랑은 평화, 빨강은 국가의 위기에 흘린 희생자의 피, 노랑은 국가의 부, 왼쪽 상단에 있는 오각 별은 빛나는 콩고 민주 공화국의 미래를 나타낸다.

콩고 민주 공화국 수도 킨샤사

- 위치: 아프리카 중부내륙 9개국과 접경
- 면적: 234.5만 ㎢
- 인구: 1억 명
- 수도: 킨샤사
- 통화 단위: 콩고 프랑
- 주요 언어: 프랑스어, 콩고어, 루바어, 링갈라어, 스와힐리어
- 민족: 몽고족, 룬다족, 콩고족 등 450개 부족
- 주요 종교: 크리스트교, 토속 신앙
- 성립 · 독립 연월일: 1960. 6. 30.
- 1인당 GDP: 501달러
- 국제 연합 가입 연월: 1960. 9.
- 대한민국과 국교 수교일: 1963. 4. 1.

국장 제정일: 2006년 2월 18일

사자의 머리를 그린 국장을 폐지하고 국기와 똑같이 새로운 국장을 제정하였다. 오른쪽에 창, 왼쪽에 상아로 장식된 독립의 상징인 표범의 얼굴을 그리고, 그 밑에 프랑스어로 "Justice, Paix, Travail(정의, 평화, 노동)"이라고 쓰여 있는 빨간색 표어 리본을 바위 위에 배치하였다.

탄자니아
United Republic of Tanzania

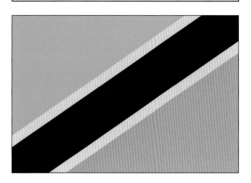

탄자니아의 최고봉 킬리만자로

국기 제정일: 1964년 6월 30일

1961년에 탕가니카가 영국으로부터 독립한 때의 국기는 노란색 테두리가 있는 검은색 줄무늬가 있는 초록색 기였고, 1963년에 잔지바르가 영국으로부터 독립한 때의 국기는 파랑, 검정, 초록, 하양을 사용한 기였는데, 양국이 똑같이 독립 시점에서의 최대 정당 당기의 색을 국기에 사용하였다. 1964년 4월 26일 양국이 통합하여 탄자니아로 되고, 2개의 국기를 조합하여 새 국기를 만들었다. 초록은 국토, 검정은 국민, 파랑은 인도양, 노랑은 광물 자원을 나타낸다.

- 위치: 아프리카 남동부, 케냐, 우간다 등과 접경
- 면적: 94.7만 ㎢
- 인구: 5,630만 명
- 수도: 도도마
- 통화 단위: 탄자니아 실링
- 주요 언어: 스와힐리어, 영어
- 민족: 수쿠마족, 니야메지족 등 12개 부족
- 주요 종교: 크리스트교, 이슬람교, 토속 신앙
- 성립 · 독립 연월일: 1961. 12. 9.
- 1인당 GDP: 1,105달러
- 국제 연합 가입 연월: 1961. 12.
- 대한민국과 국교 수교일: 1992. 4. 30.

국장 제정일: 1964년 6월 30일

중앙에 전사의 방패, 방패잡이에 상아를 갖고 있는 남자와 여자, 받침대에는 커피와 목화를 곁들인 킬리만자로산의 풍경, 아랫부분에는 스와힐리어로 "Uhuru na Umoja(자유와 통일)"라고 쓰여 있는 표어 리본, 방패 속에는 탕가니카를 나타내는 불꽃, 국기, 국토방위를 나타내는 창, 잔지바르를 나타내는 괭이와 도끼, 호수와 인도양을 나타내는 물결선을 배치하였다.

토고
Republic of Togo

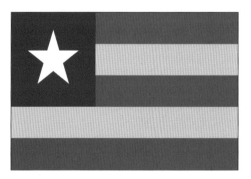

토고의 수도 로메

국기 제정일: 1960년 4월 27일

1884년에 독일 보호령 토골란드가 되고, 제1차 세계 대전 후에 동부는 프랑스령, 서부는 영국령으로 분할되었다. 서부는 골드코스트(나중에 가나)에 병합되었지만, 동부가 1960년에 토고로 독립하고, 국기가 제정되었다. 초록과 노랑으로 된 5개의 줄무늬는 토고를 구성하는 5개 지구를 나타낸다. 초록은 희망과 농업, 노랑은 국민의 단결과 광물 자원, 하양은 평화, 빨강은 독립 투쟁으로 흘린 피, 오각 별은 자유와 생명을 나타낸다.

- 위치: 중서부 아프리카 대서양 연안
- 면적: 5.7만 ㎢
- 인구: 820만 명
- 수도: 로메
- 통화 단위: CFA 프랑
- 주요 언어: 프랑스어, 에웨어, 카브레어
- 민족: 에웨족, 미나족
- 주요 종교: 토속 신앙, 크리스트교, 이슬람교
- 성립 · 독립 연월일: 1960. 4. 27.
- 1인당 GDP: 671달러
- 국제 연합 가입 연월: 1960. 9.
- 대한민국과 국교 수교일: 1963. 7. 26.

국장 제정 연월: 1980년 4월

중앙의 태양 가운데에 빨간 글자는 국명의 머리 글자인 RT, 윗부분에 2개의 국기, 프랑스어로 "Union, Paix, Solidarite(통일, 평화, 단결)"라고 쓰여 있는 표어 리본, 아랫부분에 조국 방위를 나타내는 활과 화살을 가진 2마리의 빨간색 사자를 배치한 것이다.

튀니지
Republic of Tunisia

나라꽃: 재스민
과명: 물푸레나뭇과
영명: Royal Jasmine
꽃말: 사랑스러움

국기 제정일: 1999년 7월 3일

북아프리카 이슬람 제국이 해상에서 사용했던 무늬가 없는 빨간색 기에 1831년 이 국가의 전통적인 모양인 흰 원과 빨간 별과 초승달을 추가하였다. 흰 원은 태양, 별과 초승달은 이슬람교를 나타낸다. 또한 초승달은 고대 카르타고 왕국을 건설한 페니키아인의 여신 타니스의 상징이기도 하다. 1881~1956년까지 프랑스의 보호령이었지만, 1956년에 독립한 후에도 이 국기를 사용하다가 1999년에 별과 초승달의 디자인을 수정하였다.

- 위치: 북부 아프리카 중앙 지중해 연안
- 면적: 16.4만 km²
- 인구: 1,180만 명
- 수도: 튀니스
- 통화 단위: 튀니지 디나르
- 주요 언어: 아랍어, 프랑스어
- 민족: 아랍인, 베르베르인
- 주요 종교: 이슬람교
- 성립 · 독립 연월일: 1956. 3. 20.
- 1인당 GDP: 3,287달러
- 국제 연합 가입 연월: 1956. 11.
- 대한민국과 국교 수교일: 1969. 3. 31.

국장 제정일: 1989년 9월 2일

방패형 문장으로, 윗부분에 국기 중앙과 똑같이 빨간 별과 초승달, 방패 속에는 자유를 나타내는 카르타고의 갤리선, 정의를 나타내는 천칭, 질서를 나타내는 검을 가진 사자, 중앙에 「자유, 질서, 정의」라고 쓰여 있는 아랍어 표어 리본을 배치한 것이다.

아프리카 연합
African Union

아프리카 연합 본부

설립일: 2001년 5월 26일

아프리카 국가들의 통일과 결속을 촉진하고, 경제 발전을 고무하며, 국제 협력을 진작하기 위해 설립되었다. 조직의 본부는 에티오피아의 아디스아바바에 있다. 1963년 5월 25일에 창설된 OAU는 외교와 국경 분쟁, 지역 분쟁 및 내전의 중재, 경제 및 정보 통신에 관한 연구에 활동의 초점을 맞추었다. 외교 부문에서는 특히 아프리카의 해방 운동을 지원하는 데 힘을 쏟았다. 국제 문제를 조정하려는 OAU의 노력은 대부분 국제 연합(UN)에서 '아프리카 그룹'을 통해 이루어졌다.

- 설립일: 2001년 05월 26일
- 설립 목적: 유럽 연합(EU) 형태의 강력한 정치 · 경제 연합체 창설
- 주요 활동/업무: 단일 의회, 단일 통화, 단일 집행 위원회 구성, 분쟁 해결 및 경제 회복
- 소재지: 에티오피아 아디스아바바
- 가입 국가: 아프리카 통일 기구 53개 회원국 중 46개국 비준

아프리카 연합의 국장

아프리카 연합의 상징은 두 개의 동심원 안에 금빛의 경계 없는 아프리카 지도와, 바깥 원 양쪽에서 양식화된 야자 잎이 솟아오르고 있다.
아프리카 연합은 AU가 설립되었을 때 새로운 엠블럼과 깃발을 디자인하기 위한 경쟁을 발표했지만, 아프리카 연합의 의회는 2004년 아디스아바바 회의에서 전임자의 엠블럼과 깃발을 채택하기로 결정했다.

북아메리카

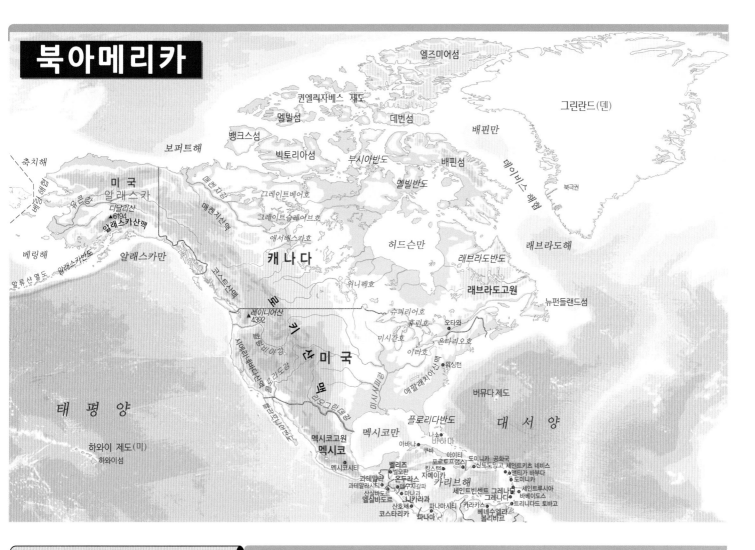

엘즈미어섬
그린란드 (덴)
퀸엘리자베스 제도
멜빌섬
데번섬
뱅크스섬
보퍼트해
빅토리아섬 부시아반도 배핀만
배핀섬
축치해
미 국
알래스카
디달리산 ▲6194
알래스카산맥
매켄지강
매켄지산맥
그레이트베어호
그레이트슬레이브호
메이비스 해협
북극권
베링해
알래스카반도
알래스카만
코스트산맥
캐 나 다
허드슨만
래브라도반도
래브라도해
우니펙호
래브라도고원
알류샨 열도
슈페리어호
레이니어산 ▲4392
로
키
산
맥
컬럼비아강
콜로라도강
휴런호
미시간호
오타와
온타리오호
이라호
워싱턴
뉴펀들랜드섬
태 평 양
미 국
애팔래치아 산맥
버뮤다 제도
하와이 제도 (미)
하와이섬
멕시코고원
멕시코
멕시코만
플로리다반도
대 서 양
멕시코시티
나소
바하마
아바나
쿠바
아이티
도미니카 공화국
산토도밍고
세인트키츠 네비스
앤티가 바부다
벨리즈
벨모판
킹스턴
자메이카
카 리 브 해
도미니카
과테말라
과테말라시티
온두라스
테구시갈파
마나과
세인트빈센트 그레나딘
세인트루시아
바베이도스
산호세
산살바도르
엘살바도르
니카라과
카라카스
그레나다
트리니다드 토바고
파나마시티
코스타리카
파나마
베네수엘라
볼리바르

과테말라
Republic of Guatemala

국기 제정일: 1997년 12월 26일
기본 디자인은 1871년에 고안되었는데, 다른 중남미 국가들과 다르게, 파랑, 하양, 파랑의 세로 줄무늬와 밝은 파랑을 국기에 사용하고, 중앙에 국장이 들어가 있다. 1821년에 에스파냐에서 독립하고 1823년에 중앙아메리카 연방을 결성하였지만, 1838년에 연방은 해체되고, 과테말라 공화국이 성립되었다. 파란색과 흰색은 중앙아메리카 연방의 국기의 색으로 태평양과 카리브해 사이에 있는 국가의 위치를 나타내며, 파랑은 태평양과 카리브해, 하양은 평화와 순수함을 나타낸다.

나라꽃: 몬자 블랑카
과명: 난초과
영명: White Nun Orchid
꽃말: 즐거움, 요정

- 위치: 중앙아메리카, 멕시코와 접경
- 면적: 10.9만 km²
- 인구: 1,760만 명
- 수도: 과테말라시티
- 통화 단위: 케찰
- 주요 언어: 에스파냐어
- 민족: 메스티소, 인디오
- 주요 종교: 크리스트교(가톨릭, 개신교)
- 성립 · 독립 연월일: 1821. 9. 15.
- 1인당 GDP: 4,617달러
- 국제 연합 가입 연월: 1945. 11.
- 대한민국과 국교 수교일: 1962. 10. 24.

국장 제정일: 1997년 12월 26일
중앙에는 기르기 어려운 것으로 여겨지는 국조 케찰이 그려져 있는데, 자유의 상징을 나타낸다. 1821년 9월 15일의 독립 선언서와 승리와 영광을 나타내는 월계수 화환, 방위를 나타내는 칼 달린 총, 사브르 등도 그려져 있다.
1997년에 독립 선언서의 일부인 「9월」의 에스파냐어 철자가 "Setiembre"에서 "Septiembre"로 변경되었다.

멕시코 만
비아에르모사
멕시코
벨모판
벨리즈
온두라스만
툭스틀라구트헤레스
과테말라
GUATEMALA
산뻬드로술라
라세이바
온두라스
과테말라
Guatemala
산살바도르
테구시갈파
엘살바도르
니카라과
태 평 양
레온
마나과

그레나다
Grenada

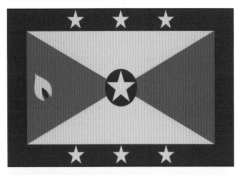

나라꽃: 부겐빌레아
과명: 분꽃과
영명: Paper Flower
꽃말: 정열, 환상, 영원한 사랑

국기 제정일: 1974년 2월 7일

1974년 2월 7일에 독립했다. 국기에는 그레나다의 7지구를 나타내는 7개의 노란색 오각 별과 용기와 활력을 나타내는 빨간색 테두리가 있다. 노랑은 지혜와 국민의 우정, 초록은 농업, 깃대 쪽 가까이에 있는 육두구의 열매는 특산품이며, 옛날에 그레나다가 스파이스 제도로 불리었던 것을 나타낸다. 노란색 오각 별은 희망과 이상을 나타낸다.

- 위치 : 동부 카리브해
- 면적: 344㎢
- 인구: 10.9만 명
- 수도: 세인트조지스
- 통화 단위: 동카리브 달러
- 주요 언어: 영어, 프랑스어가 섞인 파토이어
- 민족: 흑인, 유색 혼혈, 남아시아계 및 유럽계
- 주요 종교: 크리스트교(가톨릭, 개신교, 성공회)
- 성립 · 독립 연월일: 1974. 2. 7.
- 1인당 GDP: 11,381달러
- 국제 연합 가입 연월: 1974. 9.
- 대한민국과 국교 수교일: 1974. 8. 1.

국장 제정일: 1973년 12월 6일

방패의 십자 중심에 콜럼버스의 배, 빨간색 바탕의 사자는 영국, 초록색 바탕의 백합은 크리스트교 신앙을 나타낸다. 방패잡이에 아르마딜로와 비둘기, 아랫부분에 큰 호수, "Ever Conscious of God We Aspire, Build and Advance as One People(신을 따르고, 큰 뜻을 품고 향상하려 노력하는 국민으로서 전진한다.)" 라고 쓰여 있는 표어 리본을 배치하였다.

니카라과
Republic of Nicaragua

나라꽃: 플루메리아
과명: 협죽도과
영명: May Flower
꽃말: 희생, 존경

국기 제정일: 1971년 8월 27일

1821년에 에스파냐로부터 독립하고, 1823년에 중앙아메리카 연방이 성립되어, 파랑, 하양, 파랑의 가로 삼 분할기가 제정되었다. 1838년에 공화국으로 분리 독립하고, 몇 가지의 국기가 사용되었지만, 1908년에 옛 삼 분할기의 중앙에 국장을 추가한 국기가 채택되고, 1971년에 정식으로 국기로 제정되었다. 파랑은 카리브해와 태평양, 하양은 2개의 바다 사이에 있는 국토를 나타낸다.

- 위치 : 중앙아메리카 중부, 온두라스 남부 접경
- 면적: 13만 ㎢
- 인구: 650만 명
- 수도: 마나과
- 통화 단위: 코르도바
- 주요 언어: 에스파냐어
- 민족: 메스티소, 백인, 흑인, 인디언
- 주요 종교: 크리스트교(가톨릭, 개신교)
- 성립 · 독립 연월일: 1821. 9. 15.
- 1인당 GDP: 1,919달러
- 국제 연합 가입 연월: 1945. 10.
- 대한민국과 국교 수교일: 1962. 1. 26.

국장 제정일: 1971년 8월 27일

삼각형은 평등, 진실, 정의를 나타내며, 5개의 화산은 옛 중앙아메리카 연방 가맹국을 나타낸다. 위쪽에는 자유의 상징 빨간 모자, 태양 광선과 무지개는 밝은 미래를 나타낸다. 삼각형을 둘러싸고 있는 원둘레에는 중앙아메리카, 니카라과 공화국이라고 쓰여 있다.

도미니카
Commonwealth of Dominica

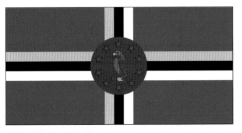

국기 제정일: 1990년 11월 3일

초록은 삼림, 빨강은 사회주의를 나타내며, 원 안의 10개의 별은 국내의 10개 지구, 새는 국조 인 앵무새이며, 비약과 큰 뜻의 실현을 나타낸 다. 노랑, 검정, 하양의 십자는 가톨릭교도가 많 다는 것, 또한 카리브 인디오, 흑인, 유럽인으로 구성되어 있음을 나타낸다. 노랑은 이 국가의 감귤류, 검정은 비옥한 토양, 하양은 폭포와 강 을 의미한다. 1978년 11월 3일 독립일에 처음으 로 게양되었는데, 나중에 여러 차례 수정되었다.

나라꽃: 카리브 트리
과명: 콩과
영명: Caribwood

- 위치: 동부 카리브해
- 면적: 751 ㎢
- 인구: 7.1만 명
- 수도: 로조
- 통화 단위: 동카리브 달러
- 주요 언어: 영어, 프랑스어가 섞인 파토이어
- 민족: 흑인, 혼혈, 카리브 인디안, 백인
- 주요 종교: 크리스트교(가톨릭)
- 성립 · 독립 연월일: 1978. 11. 3.
- 1인당 GDP: 8,381달러
- 국제 연합 가입 연월: 1978. 11.
- 대한민국과 국교 수교일: 1989. 11. 3.

국장 제정일: 1961년 7월 21일

독립 이전의 것을 현재에도 사용하고 있으며, 중앙에 방패, 윗부분에 사자, 방패잡이에 앵무 새, 아랫부분에 라틴어로 "Apres Bondie C'est La Ter(좋은 신 밑에서, 국토를 사랑한다)"라고 쓰여 있는 표어 리본, 방패 속에는 야자나무, 개 구리, 범선, 바나나무를 배치한 것이다.

도미니카 공화국
Dominican Republic

국기 제정일: 1849년 11월 6일
국기 부활일: 1863년 9월 11일

1821년에 에스파냐에서 독립하고, 1822년에 아 이티령이 되었다가, 1844년에 독립했다. 처음 에 아이티 국기에 흰색 십자를 추가한 기를 사용 하다가, 1849년 11월에 헌법으로 규정하고, 중 앙에 국장을 배치했다. 1861년 다시 식민지가 되 어 에스파냐의 국기를 사용했지만, 1863년 9월 원래의 국기가 부활되고, 1865년에 독립했다. 빨강은 독립 투쟁으로 흘린 피, 파랑은 자유, 하 양은 평화와 존엄을 나타낸다.

나라꽃: 바야히베 장미
과명: 선인장과
영명: Bayahibe Rose
꽃말: 사랑의 맹세

- 위치: 중앙아메리카, 카리브 해상 북부, 아이티 접경
- 면적: 4.9만 ㎢
- 인구: 1,040만 명
- 수도: 산토도밍고
- 통화 단위: 페소
- 주요 언어: 에스파냐어
- 민족: 혼혈, 백인, 흑인
- 주요 종교: 크리스트교(가톨릭)
- 성립 · 독립 연월일: 1844. 2. 27.
- 1인당 GDP: 8,629달러
- 국제 연합 가입 연월: 1945. 10.
- 대한민국과 국교 수교일: 1962. 6. 6.

국장 제정 연도: 1919년

중앙에 방패, 방패잡이에 월계수와 야자나무 화환, 윗부분에 에스파냐어로 "Dios, Patria, Libertad(신, 조국, 자유)" 라고 쓰여 있는 표어 리본, 아랫부분에 국명 리본, 방패 속에는 제1장 이 펼쳐져 있는 성서, 속박으로부터의 해방을 나타내는 금색 십자가, 6개의 국기를 배치하였 다.

멕시코
United Mexican States

국기 제정일: 1968년 9월 16일

멕시코는 300년에 걸쳐 에스파냐의 지배를 받다가 1821년에 독립했다. 초록은 독립, 하양은 신앙, 빨강은 통일을 나타내며, 독립 때에 내건 「3가지의 보증」을 의미했지만, 현재는 국민의 희망, 통일과 순수함, 애국자의 피를 나타낸다고 하고 있다. 멕시코는 독립 후, 왕국, 제국, 공화국으로 정체를 바꾸고, 삼색기의 중앙에 그려진 국장의 디자인은 정권 교체에 의해 빈번히 변경되었다.

나라꽃: 달리아
과명: 국화과
영명: Dahlia
꽃말: 화려, 감사

- 위치 : 북쪽으로 미국 접경 접경
- 면적: 196.4만 ㎢
- 인구: 1억 3,000만 명
- 수도: 멕시코시티
- 통화 단위: 페소
- 주요 언어: 에스파냐어
- 민족: 메스티소, 인디언, 백인
- 주요 종교: 크리스트교(가톨릭)
- 성립 · 독립 연월일: 1810. 9. 16.
- 1인당 GDP: 10,118달러
- 국제 연합 가입 연월: 1945. 11.
- 대한민국과 국교 수교일: 1962. 1. 26.

국장 제정일: 1968년 9월 16일

호수 가운데의 바위산에 나 있는 선인장 위에 서서, 뱀을 물고 있는 독수리는 고대 아스테카 왕국의 상징이며, 1325년의 수도 테노치티틀란(현재 멕시코시티) 건설의 전설을 나타낸다. 독수리의 하반신을 힘을 나타내는 떡갈나무 가지와 승리를 나타내는 월계수 가지 화환으로 둘러싸고 국기의 삼색 리본으로 묶어 놓았다.

미국
United States of America

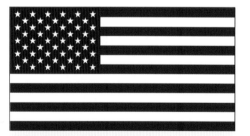

국기 제정일: 1960년 7월 4일

1776년 6월 14일에 최초의 「성조기」가 제정되었는데, 파란색 바탕에 13개의 흰 별과 빨간색과 흰색 줄무늬로 주의 수를 나타냈다. 1995년에 각각 15개가 되었지만, 1818년 제정된 법률에서 줄무늬의 수는 독립 당시의 13주를 기념하여 13개로 고정하고 있었다. 1960년 7월 4일, 27번째의 변경으로 하와이가 주로 승격되자, 별은 현재와 같이 50개가 되었다. 파랑은 정의, 빨강은 용기, 하양은 순수함을 나타낸다.

나라꽃: 장미
과명: 장미과
영명: Rose
꽃말: 사랑, 아름다움

- 위치: 북아메리카, 캐나다와 멕시코 사이
- 면적: 983.4만 ㎢
- 인구: 3억 3,000만 명
- 수도: 워싱턴
- 통화 단위: 달러
- 주요 언어: 영어
- 민족: 백인, 흑인, 아시아계, 원주민
- 주요 종교: 크리스트교(개신교, 가톨릭)
- 성립 · 독립 연월일: 1776. 7. 4.
- 1인당 GDP: 65,112달러
- 국제 연합 가입 연월: 1945. 10.
- 대한민국과 국교 수교일: 1882. 5. 22.

국장 제정일: 1782년 6월 20일

중앙에 고대 로마 공화국의 상징이었던 흰머리 독수리가 그려져 있고, 건국 때의 13주는 독수리 가슴의 줄무늬와 화살과 머리 위의 별의 수에 나타나 있다. 독수리가 쥐고 있는 화살은 투쟁, 올리브의 가지는 평화를 나타낸다. 독수리가 물고 있는 리본에는 라틴어로 "E Pluribus Unum(다수로 이루어진 하나)" 라는 표어가 쓰여 있다.

바베이도스
Barbados

나라꽃: 공작화
과명: 콩과
영명: Pride of Barbados
용도: 식용, 약용, 장식

국장 제정일: 1965년 12월 21일

중앙에 방패, 윗부분에 투구 장식, 독립일이 세인트 앤드루스축일이기 때문에, 그것을 기념하는 앤드루스 십자형으로 짠 사탕수수를 쥐고 있는 손, 방패 잡이에 만새기와 펠리컨, 아랫부분에 영어로 "Pride and Industry(긍지와 근면)"라고 쓰여 있는 표어 리본, 방패 가운데에는 캐살피니아 풀체리마 꽃과 국명 기원인 무화과나무를 배치한 것이다.

국기 제정일: 1966년 11월 30일

영국으로부터 독립한 날에 제정된 국기는 국기 디자인 공모 대회에서 우승한 작품으로, 파랑은 카리브해와 넓은 하늘, 노랑은 모래사장을 나타낸다. 검은색 삼지창은 해신 넵튠의 상징이며, 국민의 생활이 바다와 밀접한 관계가 있다는 것을 나타낸다. 삼지창은 국가의 3원칙 즉 「국민에 의한」, 「국민과 함께」, 「국민을 위한」을 나타내며, 삼지창의 자루를 그리지 않은 것은 식민지로부터의 결별을 나타낸다.

- 위치: 동부 카리브해
- 면적: 430 ㎢
- 인구: 28.7만 명
- 수도: 브리지타운
- 통화 단위: 바베이도스 달러
- 주요 언어: 영어
- 민족: 흑인, 혼혈, 백인
- 주요 종교: 크리스트교(개신교)
- 성립·독립 연월일: 1966. 11. 30.
- 1인당 GDP: 18,069달러
- 국제 연합 가입 연월: 1966. 12.
- 대한민국과 국교 수교일: 1977. 11. 15.

바하마
Commonwealth of Bahamas

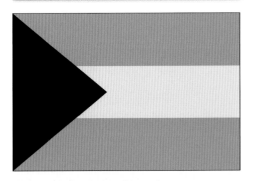

나라꽃: 노란트럼펫꽃나무
과명: 능소화과
영명: Yellow Elder

국장 제정일: 1971년 12월 7일

중앙에 방패, 윗부분에 투구 장식과 국가가 바다에 의존한다는 것을 나타내는 소라껍데기, 방패 잡이에 청새치와 홍학, 아랫부분에는 영어로 "Forward, Upward, Onward Together(함께 앞으로, 위로, 전진)"라고 쓰여 있는 표어 리본, 방패 가운데에는 태양과 바하마를 발견한 콜럼버스의 산타마리아호를 배치하였다.

국기 제정일: 1973년 7월 10일

1973년 7월 10일에 영국으로부터 바하마 연방으로 독립한 날에 제정한 국기에는 독특한 남록색이 사용되었다. 이 색은 제도를 둘러싼 아름다운 바다, 노랑은 모래사장과 태양, 검정은 국민의 활력을, 삼각형은 풍부한 천연자원을 개발하는 국민의 결의를 나타낸다. 독립을 앞두고 국기 디자인 공모 대회가 개최되었지만 어떤 작품도 채택되지 않고, 방문객이 응모 작품을 토대로 수정, 결정했다.

- 위치: 플로리다주 하단, 쿠바 및 아이티 북단
- 면적: 1.4만 ㎢
- 인구: 38.1만 명
- 수도: 나소
- 통화 단위: 바하마 달러
- 주요 언어: 영어
- 민족: 흑인, 백인, 혼혈
- 주요 종교: 크리스트교(개신교, 성공회, 가톨릭)
- 성립·독립 연월일: 1973. 7. 10.
- 1인당 GDP: 33,261달러
- 국제 연합 가입 연월: 1973. 9.
- 대한민국과 국교 수교일: 1985. 7. 8.

벨리즈
Belize

국기 제정일: 1981년 9월 21일
중앙에 있는 국장을 넣은 파란색 기는 인민 통일당의 당기였는데, 1981년 9월 21일 독립에 즈음하여, 연합 민주당을 나타내는 빨강이 국기의 위아래에 추가되었다. 파랑은 이웃 국가 과테말라, 멕시코와의 우정, 빨강은 국토와 독립을 사수한다는 결의를 나타낸다. 국장 주의의 50장의 월계수 잎은, 영국으로부터의 독립운동이 1950년에 시작되었다는 것을 나타낸다.

나라꽃: 흑난초
과명: 난초과
영명: Black Orchid

- 위치: 중앙아메리카 과테말라 동북부 접경
- 면적: 2.3만 ㎢
- 인구: 40.6만 명
- 수도: 벨모판
- 통화 단위: 벨리즈 달러
- 주요 언어: 영어, 에스파냐어, 크레올어, 마야어, 가리푸나어
- 민족: 메스티소, 크레올족, 마야인
- 주요 종교: 크리스트교(가톨릭, 개신교)
- 성립 · 독립 연월일: 1981. 10. 21.
- 1인당 GDP: 4,925달러
- 국제 연합 가입 연월: 1981. 9.
- 대한민국과 국교 수교일: 1987. 4. 14.

국장 제정일: 1981년 9월 21일
국가 경제를 유지하는 목재업을 나타내는 국장의 모델은 1819년에 제작되었다. 중앙에 방패, 뒤에 큰 마호가니나무, 양옆에 노와 도끼를 들고 있는 2명의 남자, 방패 속에는 범선과 아랫부분에 라틴어로 "Sub Umbra Floreo(나무 그늘 아래에서 번창한다)" 라고 쓰여 있는 표어 리본이 있다.

세인트루시아
Saint Lucia

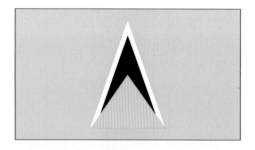

국기 제정 연도: 2002년
중앙의 2개의 삼각형은 바다에서 돌출한 2개의 피통 화산을 나타내며, 희망의 상징이다. 파랑은 대서양과 카리브해, 노랑은 태양, 검정과 하양은 흑인과 백인의 조화를 나타낸다. 최초의 국기는 디자인 공모 대회에서 우승한 것이며, 1967년 3월 1일에 처음 계양되었지만, 독립 때인 1979년 2월 22일과 2002년에 일부 수정되었다.

나라꽃: 장미
과명: 장미과
영명: Rose
꽃말: 사랑, 아름다움, 청결, 순결

- 위치: 동부 카리브해
- 면적: 616㎢
- 인구: 18만 명
- 수도: 캐스트리스
- 통화 단위: 동카리브 달러
- 주요 언어: 영어, 프랑스어가 섞인 파토이어
- 민족: 흑인, 혼혈, 동인도계, 백인
- 주요 종교: 크리스트교(가톨릭)
- 성립 · 독립 연월일: 1979. 2. 22.
- 1인당 GDP: 11,076달러
- 국제 연합 가입 연월: 1979. 9.
- 대한민국과 국교 수교일: 1779. 2. 23.

국장 제정일: 1979년 2월 22일
중앙에 방패, 윗부분에 이정표를 나타내는 횃불, 방패잡이에 국조인 세인트루시아 앵무새, 아랫부분에 영어로 "The Land, The People, The Light(국토, 국민, 빛)" 라고 쓰여 있는 표어 리본, 방패 가운데에는 구 종주국인 영국을 나타내는 장미꽃과 프랑스를 나타내는 백합꽃을 배치하였다.

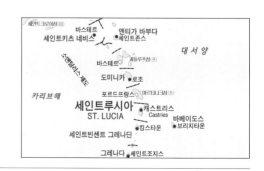

세인트빈센트 그레나딘
St. Vincent and the Grenadines

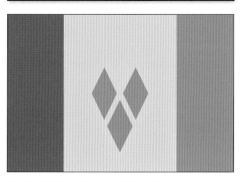

나라꽃: 수프리에르나무
과명: 말피기과
영명: Soufriere Tree

국기 제정일: 1985년 10월 21일

세로 줄무늬의 파랑은 카리브해, 노랑은 햇빛과 밝은 국민성, 초록은 농산물과 국민의 활력을 나타낸다. 초록색의 3개의 마름모는 국명의 머리 문자 V를 나타내며, 또한 「앤틸리스 제도의 보석」 이라고 불린다는 것을 나타낸다. 스위스의 디자이너가 디자인하고, 국기 제정일에 공식적으로 처음 게양되었다.

- 위치: 동부 카리브해, 세인트 루시아와
  그레나다 사이
- 면적: 389㎢
- 인구: 11만 명
- 수도: 킹스타운
- 통화 단위: 동카리브 달러
- 주요 언어: 영어, 프랑스어가 섞인 파토이어
- 민족: 흑인, 혼혈, 동인도계
- 주요 종교: 크리스트교(성공회, 개신교, 가톨릭)
- 성립 · 독립 연월일: 1979. 10. 27.
- 1인당 GDP: 7,751달러
- 국제 연합 가입 연월: 1980. 9.
- 대한민국과 국교 수교일: 1979. 10. 28.

국장 제정일: 1985년 10월 21일

독립 이전부터 사용하던 방패형 문장으로 2명의 여자가 그려져 있다. 한 명은 올리브 가지를 들고 서 있고, 또 한 명은 제단에 무릎 꿇고 있는데, 평화와 정의를 나타낸다. 방패 윗부분에 목화를 배치하고, 아랫부분의 리본에는 라틴어로 "Pax et Justitia(평화와 정의)" 라는 표어 문구가 쓰여 있다.

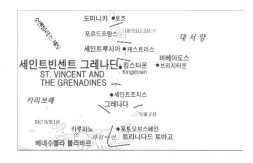

세인트키츠 네비스
Saint Kitts and Nevis

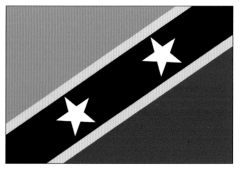

나라꽃: 로열 포인시아나
과명: 콩과
영명: Royal Poinciana
용도: 정원수, 가로수

국기 제정일: 1983년 9월 19일

가운데 사면의 검정은 아프리카로부터의 전통, 그 양쪽의 노란색 사선은 태양, 초록은 비옥한 국토, 빨강은 독립 투쟁으로 흘린 피, 2개의 흰색 오각 별은 세인트키츠섬과 네비스섬을 나타내며, 자유와 희망의 상징이다. 국기 디자인 공모 대회에서 우승한 것이 국기로 채택되어, 영국으로부터 독립한 1983년 9월 19일에 처음으로 게양되었다.

- 위치: 동부 카리브해
- 면적: 261㎢
- 인구: 5.7만 명
- 수도: 바스테르
- 통화 단위: 동카리브 달러
- 주요 언어: 영어
- 민족: 대부분 아프리카계 흑인
- 주요 종교: 크리스트교(성공회)
- 성립 · 독립 연월일: 1983. 9. 19.
- 1인당 GDP: 18,246달러
- 국제 연합 가입 연월: 1983. 9.
- 대한민국과 국교 수교일: 1983. 9. 19.

국장 제정일: 1983년 9월 19일

방패에는 카리브 주민과 프랑스를 나타내는 백합꽃, 영국을 나타내는 장미꽃, 국화인 봉황목, 2개의 섬을 항행하는 배, 윗부분에 자유를 나타내는 횃불을 든 손, 아랫부분에 영어로 "Country Above Self(개인을 초월하는 국가)" 라고 쓰여 있는 표어 리본, 방패잡이에 사탕수수와 야자 나무를 가지고 있는 국조인 펠리컨을 배치한 것이다.

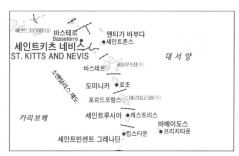

아이티
Republic of Haiti

나라꽃: 야자나무
과명: 종려나뭇과
영명: Date Palm
꽃말: 부활, 승리

국기 제정 연도: 1820년
국기 부활일: 1986년 2월 25일
1697년에 프랑스령이 되었으나, 아프리카에서 이주해 온 많은 노예들의 반란이 독립 혁명으로 발전하여, 1804년 세계 최초의 흑인 공화국으로 독립했다. 1803년에 프랑스 국기에서 흰색이 제거되고, 파랑과 빨강의 세로 2색 기가 되었다. 파랑은 아이티 흑인, 빨강은 물라토, 즉 백인과 흑인의 혼혈을 나타낸다. 1820년에 국기는 세로 2색 기에서 가로 2색 기로 변경되고, 중앙에 국장이 추가되었다.

• 위치: 카리브해
• 면적: 2.8만 ㎢
• 인구: 1,120만 명
• 수도: 포르토프랭스
• 통화 단위: 구르드
• 주요 언어: 프랑스어, 크레올어
• 민족: 아프리카계 흑인, 물라토 및 백인
• 주요 종교: 크리스트교(가톨릭, 개신교)
• 성립 · 독립 연월일: 1804. 1. 1.
• 1인당 GDP: 784달러
• 국제 연합 가입 연월: 1945. 10.
• 대한민국과 국교 수교일: 1962. 9. 22.

국장 제정일: 1986년 2월 25일
중앙에 야자나무, 위쪽에 자유의 빨간 모자, 교차하는 6개의 국기, 2문의 대포, 6정의 검 달린 총, 2개의 닻, 2개의 나팔, 2자루의 도끼, 군의 큰 북, 포환 등 전투 용구 한 벌이 그려져 있고, 1791년 이후의 투쟁을 거쳐 독립한 국가 정세를 나타낸다. 아랫부분에는 프랑스어로 "L Union Fait La Force(단결은 힘이다)" 라고 쓰여 있는 표어 리본이 배치되어 있다.

앤티가 바부다
Antigua and Barbuda

나라꽃: 용설란
과명: 용설란과
영명: Dagger's Log
꽃말: 섬세

국기 제정일: 1967년 2월 27일
이 나라가 자치권을 가지게 된 1967년에, 국기는 디자인 공모 대회에서 결정되었다. 검정은 국민과 조상인 아프리카인, 파랑은 카리브해, 하양은 사막, 노란색 태양은 새로운 시대의 시작을 나타내며, 빨강은 국민의 활력, 빨간색 바탕이 만드는 V는 승리를 의미한다. 1981년 11월 1일에 독립했지만, 그 후에도 국기로 사용하고 있다.

• 위치: 동부 카리브해
• 면적: 443 ㎢
• 인구: 9.3만 명
• 수도: 세인트존스
• 통화 단위: 동카리브 달러
• 주요 언어: 영어
• 민족: 흑인, 혼혈, 백인
• 주요 종교: 크리스트교(성공회, 가톨릭)
• 성립 · 독립 연월일: 1981. 11. 1.
• 1인당 GDP: 18,109달러
• 국제 연합 가입 연월: 1981. 11.
• 대한민국과 국교 수교일: 1781. 11. 1.

국장 제정일: 1967년 2월 16일
중앙의 방패에 제당 공장의 탑과 일출, 방패잡이에는 사탕수수와 알로에를 가지고 있는 사슴, 방패의 윗부분에 파인애플과 하이비스커스 꽃을 장식하고, 아랫부분에 영어로 "Each Endeavouring, All Achieving(각자의 노력에 의한 전체의 성공)" 라고 쓰여 있는 리본을 배치하였다.

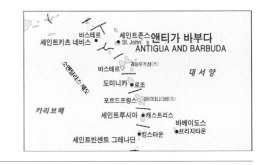

엘살바도르
Republic of El Salvador

나라꽃: 유카
과명: 용설란과
영명: Yucca
꽃말: 성스러움, 고귀함

국기 제정일: 1972년 9월 27일

1821년 에스파냐로부터 독립하고 중앙아메리카 연방의 일부를 형성하였다가, 1838년에 분리 독립하고, 1856년 엘살바도르 공화국으로 완전 독립했다. 파랑, 하양, 파랑의 가로 삼등분 기는, 에스파냐로부터의 독립 투쟁에서 아르헨티나가 사용하고 있던 기를 모델로 하여 만든 것인데, 파랑은 카리브해와 태평양, 하양은 2개의 바다 사이에 있는 국토, 평화, 번영을 나타낸다. 1912년 중앙에 국장이 그려지고, 1972년에 약간 수정되었다.

- 위치: 중미
- 면적: 2.1만 km²
- 인구: 670만 명
- 수도: 산살바도르
- 통화 단위: 미국 달러
- 주요 언어: 에스파냐어
- 민족: 메스티소, 백인, 인디오
- 주요 종교: 크리스트교(가톨릭, 개신교)
- 성립 · 독립 연월일: 1821. 9. 15.
- 1인당 GDP: 4,008달러
- 국제 연합 가입 연월: 1945. 10.
- 대한민국과 국교 수교일: 1962. 8. 30.

국장 제정일: 1972년 9월 27일

중앙에 옛 중앙아메리카 연방의 5개국을 나타내는 5개의 화산, 빨간색의 자유의 모자, 빛 가운데에 1821년 9월 15일 독립일, 국기와 그 밑에 에스파냐어로 "Dios, Union, Libertad(신, 통일, 자유)"라고 쓰여 있는 표어 리본, 14주를 나타내는 14개 가지로 된 월계수 화환, 주위에 「중앙아메리카, 엘살바도르 공화국」이라고 쓰여 있다.

온두라스
Republic of Honduras

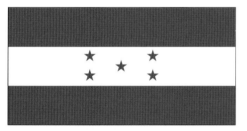

나라꽃: 린코레리아 딕비아나
과명: 난초과
영명: Digby's beaked laelia

국기 제정일: 1949년 1월 18일

1821년에 에스파냐에서 독립하고 중앙아메리카 연방의 일부가 되었다가 1838년 독립하고, 연방의 가로 삼분할 기를 모델로 한 국기가 1866년에 제정되었다. 중앙에는 구 연방 구성국인 온두라스(중앙), 과테말라(왼쪽 위), 니카라과(오른쪽 위), 코스타리카(오른쪽 아래), 엘살바도르(왼쪽 아래)를 나타내는 5개의 파란색 오각 별이 추가되었다. 파랑은 태평양과 카리브해, 하양은 평화와 번영을 나타낸다. 1949년에 별의 위치가 수정되었다.

- 위치: 중앙아메리카
- 면적: 11.2만km²
- 인구: 960만 명
- 수도: 테구시갈파
- 통화 단위: 렘피라
- 주요 언어: 에스파냐어
- 민족: 메스티소, 인디오, 흑인, 백인
- 주요 종교: 크리스트교(가톨릭, 개신교)
- 성립 · 독립 연월일: 1821. 9. 15.
- 1인당 GDP: 2,548달러
- 국제 연합 가입 연월: 1945. 12.
- 대한민국과 국교 수교일: 1962. 4. 1.

국장 제정일: 1935년 1월 10일

중앙에 에스파냐어로 국명과 "Libre, Soberana, Independiente(자유, 주권, 독립)," 1821년 9월 15일이라고 쓰여 있는 타원형 띠, 안쪽에 평등과 정의를 나타내는 피라미드, 주권을 나타내는 2개의 탑, 태평양과 대서양을 나타내는 바다, 윗부분에 화살, 양옆에 풍요의 뿔, 아랫부분에 망치, 광산 입구, 소나무와 떡갈나무를 배치한 것이다.

자메이카
Jamaica

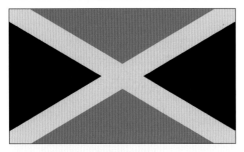

국기 제정일: 1962년 8월 6일

국기는 「어떠한 곤란이 있을지라도 섬에는 초록과 태양이 있다」는 것을 의미하며, 초록은 희망과 농업, 노랑은 태양과 광물 자원, 검정은 국민의 대부분을 차지하는 흑인과 미래의 고난을 이겨내려는 의지를 상징한다. 1962년 8월의 독립일에 공식적으로 처음 게양되었다. 국기 제안기의 하나로 옛 탕가니카(현 탄자니아)의 국기와 유사한 초록, 노랑, 검정의 가로 줄무늬였지만, 구별하기 위해 노란색의 X 십자가 채택되었다.

나라꽃: 유창목
과명: 남가샛과
영명: Lignum viate

- 위치: 카리브해
- 면 적: 1.1만 ㎢
- 인구: 290만 명
- 수도: 킹스턴
- 통화 단위: 자메이카 달러
- 주요 언어: 영어, 파토이어
- 민족: 흑인, 혼혈
- 주요 종교: 크리스트교(개신교, 가톨릭)
- 성립 · 독립 연월일: 1962. 8. 6.
- 1인당 GDP: 5,461달러
- 국제 연합 가입 연월: 1962. 9.
- 대한민국과 국교 수교일: 1962. 10. 13.

국장 제정일: 1962년 8월 6일

중앙에 특산물인 파인애플을 그린 십자의 방패, 방패잡이에는 바구니와 활과 화살을 갖고 있는 2명의 아라와크 · 인디오, 윗부분에 악어, 아랫부분에 "Out of Many, One People(다수에서 하나의 국민으로)" 라는 표어 리본을 배치하였다.

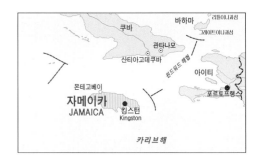

캐나다
Canada

국기 제정일: 1965년 2월 15일

1967년에 건국 100주년을 맞이하여, 프랑스계 주민의 강력한 의견을 받아들여 왼쪽 상단에 유니온 플래그가 붙은 국기를 폐지하고, 현재의 국기를 1965년에 제정했다. 양쪽의 빨간색 세로 줄무늬는 대서양과 태평양으로 이 국가의 위치를 나타내며, 중앙의 단풍나무는 1867년 캐나다 자치령이 성립된 이후 이 나라의 상징으로, 빨강은 제1차 세계 대전에서 희생된 캐나다인의 피, 하양은 캐나다의 눈을 나타낸다.

나라꽃: 단풍나무
과명: 단풍나뭇과
영명: Japanese Maple
꽃말: 자제, 사양, 삼림 왕궁 상징

- 위치: 동부 카리브해
- 면적: 998.5만 ㎢
- 인구: 3,750만 명
- 수도: 오타와
- 통화 단위: 캐나다 달러
- 주요 언어: 영어, 프랑스어
- 민족: 영국계, 프랑스계, 독일계, 이탈리아계, 중국계
- 주요 종교: 크리스트교(가톨릭, 개신교)
- 성립 · 독립 연월일: 1867. 7. 1.
- 1인당 GDP : 46,213달러
- 국제 연합 가입 연월: 1945. 11.
- 대한민국과 국교 수교일: 1963. 1. 14.

국장 제정일: 1994년 7월 12일

방패에는 잉글랜드 사자와 스코틀랜드 사자, 아일랜드 하프, 프랑스의 백합꽃, 단풍나무, 위쪽에 단풍나무를 갖고 있는 사자, 방패잡이에 유니온 플래그를 게양한 사자와 옛 프랑스 왕의 기를 게양한 유니콘, 아랫부분에 라틴어로 "A Mari Usque Ad Mare(바다에서 바다로)" 라고 쓰여 있는 표어 리본이 그려져 있다.

코스타리카
Republic of Costa Rica

나라꽃: 과리아 모라라
과명: 난과
영명: Guaria Morada
꽃말: 우아한 여성

국장 제정일: 1998년 5월 5일
금장식 테두리가 되어 있는 방패형 문장으로, 윗부분에 국명 리본이 있으며, 방패 속에는 카리브해와 태평양 사이에 있는 3개의 화산, 태양, 범선을 배치하였다. 1964년까지 흰색 오각 별의 수는 옛 중앙아메리카 연방 구성국을 나타내는 5개였지만, 같은 해 주의 수를 나타내는 7개로 변경되었다. 1998년 화산이 분화하는 디자인으로 바뀌었다.

국기 제정일: 1998년 5월 5일
중앙아메리카 연방으로부터 1838년 분리 독립했을 때는 파란색과 흰색으로 된 국기를 채택했다. 1848년에 정식으로 독립하고, 초대 대통령 부인의 제안으로 중앙에 빨간색 줄무늬가 추가되었다. 국기의 깃대 쪽 가까이에 국장이 들어가 있다. 1848년 프랑스의 2월 혁명을 기념하여 파랑, 하양, 빨강의 3색 가로 줄무늬 국기인데, 파랑은 하늘과 이상, 하양은 평화와 지혜, 빨강은 자유를 위해 흘린 피와 국민의 따뜻함을 나타낸다.

- 위치: 중앙아메리카
- 면적: 5.1만 ㎢
- 인구: 510만 명
- 수도: 산호세
- 통화 단위: 콜론
- 주요 언어: 에스파냐어
- 민족: 에스파냐계 백인, 흑인, 메스티소
- 주요 종교: 크리스트교(가톨릭)
- 성립 · 독립 연월일: 1821. 9. 15.
- 1인당 GDP: 12,015달러
- 국제 연합 가입 연월: 1945. 11.
- 대한민국과 국교 수교일: 1962. 8. 15.

쿠바
Republic of Cuba

나라꽃: 꽃생강
과명: 생강과
영명: White ginger lily
꽃말: 당신을 믿습니다

국장 제정일: 1906년 4월 24일
중앙에 방패를 배치하고 뒤에 자유를 나타내는 빨간 모자와 권위를 나타내는 파스케스, 국력을 나타내는 떡갈나무 가지와 명예와 번영을 나타내는 월계수 가지 화환이 방패를 둘러싸고 있다. 방패 가운데에 카리브해와 플로리다, 유카탄반도, 그 사이에 지리적 중요성을 나타내는 금색 열쇠, 국기의 2색, 야자나무 등 쿠바의 경치가 그려져 있다.

국기 제정일: 1902년 5월 20일
1850년에 고안된 이 국기는 미국 국기가 모델이 된 것으로 보인다. 파란색 3줄의 가로 줄무늬는 에스파냐 통치하의 쿠바의 3개 군 관리 지구, 하양은 독립운동가의 강력한 이상, 빨강은 독립 투쟁으로 흘린 피, 빨간색 삼각형은 평등, 자유, 우애, 흰색 오각 별은 국민의 자유를 나타낸다.

- 위치: 플로리다주 남방 150㎞ 지점 카리브해
- 면적: 11.1만 ㎢
- 인구: 1,130만 명
- 수도: 아바나
- 통화 단위: 쿠바 페소, 태환 페소
- 주요 언어: 에스파냐어
- 민족: 혼혈, 백인, 흑인
- 주요 종교: 크리스트교(가톨릭)
- 성립 · 독립 연월일: 1902. 5. 20.
- 1인당 GDP: 9,379달러
- 국제 연합 가입 연월: 1945. 10.
- 대한민국과 국교 수교일: −

트리니다드 토바고
Republic of Trinidad and Tobago

국기 제정일: 1962년 6월 28일

국기는 2줄의 흰색 테두리가 되어 있는 빨간색과 검은색 대각선 띠가 그려져 있는 기이다. 가운데 검정은 국민의 통일에 대한 노력과 천연자원, 그 양쪽의 하양은 바다와 평등, 빨강은 국민의 관대함과 태양의 에너지를 나타낸다. 1962년 8월 31일 영국으로부터의 독립일에 처음으로 계양되었다.

나라꽃: 야생 포인세티아
과명: 꼭두서닛과
영명: Wild Poinsettia
용도: 장식용

- 위치: 카리브해
- 면적: 5,128㎢
- 인구: 140만 명
- 수도: 포트오브스페인
- 통화 단위: 트리니다드 토바고 달러
- 주요 언어: 영어, 힌디어, 프랑스어, 에스파냐어
- 민족: 인도계, 흑인, 혼혈
- 주요 종교: 크리스트교(가톨릭), 힌두교
- 성립 · 독립 연월일: 1962. 8. 31.
- 1인당 GDP: 16,366달러
- 국제 연합 가입 연월: 1962. 9.
- 대한민국과 국교 수교일: 1985. 7. 23.

국장 제정일: 1962년 8월 9일

돌이 많은 해안의 중앙에 방패, 위쪽에 야자나무가 배의 키 위에 얹혀 있다. 방패에는 2마리의 벌새, 1498에 이곳을 발견한 콜럼버스의 선단을 나타내는 3척의 배, 방패잡이에는 왼쪽이 홍따오기, 오른쪽이 국조인 차차박새, 아랫부분의 표어 리본에는 영어로 "Together We Aspire, Together We Achieve(함께 염원하고, 함께 달성한다)"라고 쓰여 있다.

파나마
Republic of Panama

국기 제정일: 1903년 12월 20일

에스파냐의 식민지를 거쳐 콜롬비아 연방의 한 주가 되었다가, 1903년에 미국의 지원을 받아 독립했다. 빨강과 파랑은 2대 정당인 자유당과 보수당, 하양은 양당의 협력과 평화를 나타내며, 파란 별은 시민의 덕, 빨간 별은 시민을 지키는 권위와 법률을 나타낸다. 기가 정연하게 4등분되어 있는 것은 양당이 협력하면서 국가를 이끌어 간다는 것을 의미한다. 세계에는 파나마 선적 배가 많기 때문에 각국의 항구에서 이 기를 볼 수 있다.

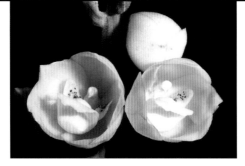

나라꽃: 비둘기난초
과명: 난초과
영명: Dove Orchid
용도: 향수 원료

- 위치: 중미
- 면적: 7.5만 ㎢
- 인구: 420만 명
- 수도: 파마나시티
- 통화 단위: 발보아
- 주요 언어: 에스파냐어
- 민족: 혼혈, 흑인, 백인, 인디오, 중국계
- 주요 종교: 크리스트교(가톨릭)
- 성립 · 독립 연월일: 1903. 11. 3.
- 1인당 GDP: 16,245달러
- 국제 연합 가입 연월: 1945. 11.
- 대한민국과 국교 수교일: 1962. 9. 30 .

국장 제정 연도: 1925년

중앙에 방패, 위쪽에 국가의 9주를 나타내는 9개의 별, 에스파냐어로 "Pro Mundi Beneficio (세계의 편리를 위해)" 라고 쓰여 있는 표어 리본을 물고 있는 독수리, 양옆에 4개의 국기, 방패 속에는 전쟁이 평화와 번영으로 바뀌는 것을 나타내는 무기, 망치와 삽, 풍요의 뿔, 진보를 나타내는 날개가 달린 수레바퀴, 파나마 해협을 그린 풍경을 배치하였다.

남아메리카

니카라과
마나과
산호세
코스타리카
파나마
파나마시티
콜롬비아
보고타
갈라파고스제도(에콰도르)
키토
에콰도르
페루
리마
페루 해구
칠레 해구
안데스 산맥
티티카카호
라파스
볼리비아
아마존강
파라나강
브라질
브라질리아
그레나다
카라카스
베네수엘라
볼리바르
바베이도스
트리니다드 토바고
파라마리보
조지타운
수리남
가이아나
기아나(프)
파라과이
아순시온
아르헨티나
우루과이
우루과이
몬테비데오
칠레
아콩카과산
6960
산티아고
부에노스아이레스
이스터섬(칠)
태 평 양
대 서 양
포클랜드 제도(영)
푸에고섬
사우스조지아섬(영)
드레이크 해협

가이아나
Cooperative Republic of Guyana

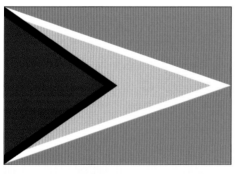

국기 제정일: 1966년 5월 26일

1960년에 미국의 기학 권위자인 휘트니스미스가 제안한 국기가 약간 수정되어, 1966년 5월 26일 독립일에 국기로 제정되었다. 범아프리카색(초록, 빨강, 노랑)과 화살을 사용해 「황금 화살 기」로 불린다. 초록은 삼림과 농업, 하양은 가이아나의 많은 강과 수자원, 검정은 국민의 인내력, 빨강은 국가 건설에 대한 열의, 금 화살은 국가의 빛나는 미래와 광물 자원을 나타낸다.

나라꽃: 큰가시연꽃
과명: 수련과
영명: Water Lily
꽃말: 행운

- 위치: 남아메리카 대륙 동북부
- 면적: 21.5만 km²
- 인구: 78.5만 명
- 수도: 조지타운
- 통화 단위: 가이아나 달러
- 주요 언어: 영어, 크레올어
- 민족: 힌두계, 흑인, 메스티소, 아메리카 인디언, 백인 및 중국계
- 주요 종교: 크리스트교, 힌두교
- 성립 · 독립 연월일: 1966. 5. 26.
- 1인당 GDP: 5,252달러
- 국제 연합 가입 연월: 1966. 9.
- 대한민국과 국교 수교일: –

국장 제정일: 1966년 1월 21일

방패 중앙의 3개의 물결은 국명 「물의 토지」에서 유래하며, 위에 빅토리아 아마조니카, 아래에 호아친이 그려져 있고, 방패잡이인 재규어는 곡괭이와 사탕수수의 줄기를 가지고 있으며, 방패의 투구 장식은 인디오 추장의 관, 아랫부분에 영어로 "One People, One Nation, One Destiny(하나의 국민, 하나의 국가, 하나의 운명)" 라고 쓰여 있는 표어 리본을 배치하였다.

카라카스
쿠마나
포트오브스페인
트리니다드 토바고
마투린
시우다드볼리바르
베네수엘라
볼리바르
조지타운
Georgetown
바르티카
파라마리보
뉴암스테르담
로로코폰도
키엔
가이아나
GUYANA
수리남
기아나(프)
보아비스타
브라질
카우소에니
마카파
대 서 양

베네수엘라 볼리바르
Bolivarian Republic of Venezuela

나라꽃: 카틀레야
과명: 난초과
영명: May Flower
꽃말: 당신은 아름답습니다

국장 제정일: 2006년 3월 7일

방패에는 단결을 나타내는 보리 다발, 독립을 나타내는 백마, 양쪽에는 월계수와 야자나무 가지 화환이 국기의 색 리본으로 묶여 있고, 리본에는 「1810년 4월 19일 독립」, 「1859년 2월 10일 연방」 이라고 쓰여 있으며, 방패 윗부분에는 부를 나타내는 뿔을 배치하였다.

국기 제정일: 2006년 3월 7일

노랑은 국가의 풍요로움, 빨강은 독립 투쟁으로 흘린 피, 파랑은 용기, 그리고 에스파냐와 신대륙을 가르는 대서양을 나타낸다. 2006년 3월 베네수엘라를 사회주의 국가로 이끈 차베스 대통령에 의해 새로운 국기와 새로운 국장이 제정되었다. 국기는 「볼리바르 혁명」을 나타내는 별을 추가해 주의 수를 나타내는 흰색 오각 별이 8개가 되고, 노란색 줄무늬 왼쪽에 그려져 있는 국장도 말의 방향을 오른쪽에서 왼쪽으로 변경하고, 원주민, 아프리카인, 농민을 나타내는 활과 화살, 손도끼, 과일을 추가하였다.

- 위치 : 남아메리카 북부 브라질 접경
- 면적: 91.2만 ㎢
- 인구: 2,750만 명
- 수도: 카라카스
- 통화 단위: 볼리바르 푸에르테
- 주요 언어: 에스파냐어
- 민족: 메스티소, 백인, 흑인, 인디오
- 주요 종교: 크리스트교(가톨릭)
- 성립 · 독립 연월일: 1811. 7. 5.
- 1인당 GDP: 2,548달러
- 국제 연합 가입 연월: 1945. 11.
- 대한민국과 국교 수교일: 1965. 4. 29.

볼리비아
Plurinational State of Bolivia

나라꽃: 칸투아 또는 헬리코니아
과명: 꽃고빗과
영명: Cantua

국장 사용 개시일: 1961년 11월 10일

방패에 포토시 은산, 알파카, 빵나무, 일출, 보리 다발, 방패 아래쪽의 10개의 별은 9개의 주와 칠레에 할양된 연안 지방을 나타낸다. 방패 주위에는 6개의 국기, 국조인 콘도르, 뒤 왼쪽은 월계수, 오른쪽은 올리브, 2문의 대포, 4정의 검 달린 총, 왼쪽에 자유의 모자, 오른쪽에 인디오의 도끼 등으로 둘러싸여 있다.

국기 사용 개시일: 1961년 11월 10일

최초의 국기는 독립 직후인 1825년 8월 17일에 제정되었지만 1년 뒤에 변경되고, 1851년에 현재의 빨강, 노랑, 초록의 기본 디자인이 정해졌다. 빨강은 용기와 독립 투쟁으로 흘린 피, 노랑은 풍부한 광물 자원, 초록은 비옥한 국토를 나타내며, 중앙에 문장이 들어가 있다. 빨강과 노랑은 콜롬비아와 함께 페루를 에스파냐로부터 독립시키려고 투쟁했던 시몬 볼리바르의 기에서 유래한다. 2009년 3월 볼리비아 공화국에서 현재의 국명으로 바뀌었다.

- 위치: 남아메리카 대륙 중동부 내륙국
- 면적: 110만 ㎢
- 인구: 1,160만 명
- 수도: 라파스
- 통화 단위: 볼리비아노
- 주요 언어: 에스파냐어, 케추아어, 아이마라어
- 민족: 토착 원주민, 혼혈, 백인
- 주요 종교: 크리스트교(가톨릭)
- 성립 · 독립 연월일: 1825. 8. 6.
- 1인당 GDP: 3,671달러
- 국제 연합 가입 연월: 1945. 11.
- 대한민국과 국교 수교일: 1965. 4. 25.

브라질
Federative Republic of Brazil

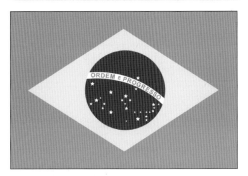

나라꽃: 레어 난초
과명: 난초과
영명: Cattleya
꽃말: 우아한 여성, 당신은 아름다워

국장 제정일: 1992년 5월 11일

가운데 원 안의 5개의 별은 남십자성, 주위의 27개의 별은 현재 브라질의 27주를 나타낸다. 칼자루의 별은 연방제를 나타내며, 큰 별 뒤에 특산품인 커피와 담배 가지로 엮은 화환, 아랫부분의 리본에는 국명과 공화국이 성립된 날짜인 1889년 11월 15일이 포르투갈어로 쓰어 있다.

국기 제정일: 1992년 5월 11일

1500년 이후 포르투갈의 식민지였지만, 1822년에 브라질 제국으로 독립하고, 1889년 11월 15일에 공화국이 되었다. 초록은 풍부한 삼림 자원, 노란색 마름모는 광물 자원을 나타내며, 중앙에 혁명일 아침의 리우데자네이루의 하늘을 바깥쪽에서 본 파란 천구를 그리고, 포르투갈어로 국가의 표어 "Ordem e Progresso(질서와 진보)" 라는 문구를 써 넣은 흰색 띠가 그려져 있다.

- 위치: 남아메리카 중동부, 대서양 연안
- 면적: 851.6만 km²
- 인구: 2억 1,000만 명
- 수도: 브라질리아
- 통화 단위: 헤알
- 주요 언어: 포르투갈어
- 민족: 유럽계 이주 백인, 물라토, 흑인, 동양계
- 주요 종교: 크리스트교(가톨릭, 개신교)
- 성립 · 독립 연월일: 1822. 9. 7.
- 1인당 GDP: 8,797달러
- 국제 연합 가입 연월: 1945. 10.
- 대한민국과 국교 수교일: 1959. 10. 31.

수리남
Republic of Suriname

나라꽃: 헬리코니아 사타코룸
과명: 헬리코니아과
영명: Parrot's Beak Parakeet flower
용도: 관상용

국장 제정일: 1975년 11월 25일

방패 중앙에 별이 들어간 다이아몬드, 왼쪽에 범선, 오른쪽에 야자나무가 그려져 있고, 각각 국가의 광업, 상업, 농업을 나타낸다. 방패잡이는 2명의 인디오이며, 아랫부분에는 라틴어로 "Justitia, Pietas, Fides(정의, 신앙, 충성)" 라고 쓰어 있는 표어 리본을 배치하였다.

국기 제정일: 1975년 11월 25일

1975년 11월 25일에 네덜란드령 기아나가 독립하여 수리남 공화국이 되었다. 국기는 디자인 공모 대회에서 초록, 하양, 빨강의 가로 줄무늬가 선택되었는데, 초록은 풍요로운 국토, 하양은 자유와 정의, 빨강은 새로운 국가의 진취적인 정신을 나타내며, 3색은 이 나라의 3개의 정당을 나타낸다. 노란색 오각별은 국민의 희생에 의한 국가의 통일과 빛나는 미래를 나타내며, 5각은 국가를 구성하는 유럽인, 흑인, 크리올인, 중국인, 인디오를 나타낸다.

- 위치: 플로리다주 하단, 쿠바 및 아이티 북단
- 면적: 16.4만 km²
- 인구: 59.8만 명
- 수도: 파라마리보
- 통화 단위: 수리남 달러
- 주요 언어: 네덜란드어, 영어
- 민족: 크레올족, 힌두스탄, 자바니스, 부시니그로
- 주요 종교: 힌두교, 크리스트교(가톨릭, 개신교), 이슬람교
- 성립 · 독립 연월일: 1975. 11. 25.
- 1인당 GDP: 6,311달러
- 국제 연합 가입 연월: 1975. 12.
- 대한민국과 국교 수교일: 1975. 11. 28.

아르헨티나
Argentine Republic

나라꽃: 홍두화(황금옥)
과명: 콩과
영명: Cockspur Coral Tree
꽃말: 열정, 희생, 봉사

국장 제정일: 1944년 4월 24일

국기와 똑같이 파랑, 하양의 타원형 방패, 그 윗부분에 독립의 상징인 5월의 태양, 주위에 승리를 나타내는 월계수 가지 화환을 흰 리본으로 묶고, 방패 속에 동포애와 단결을 나타내는 2개의 손, 자유를 나타내는 모자를 막대에 걸어 배치하였다.

국기 제정 연도: 1862년

1812년에 파랑, 하양, 파랑의 가로 삼분할 기는 메누엘 베르그라노 장군에 의해 고안되었는데, 파랑은 넓은 하늘과 국토, 하양은 라플라타강과 순수한 국민 기질을 나타낸다. 1816년에 에스파냐로부터 독립하고, 1862년에 가로 삼분할 기의 중앙에 태양이 추가되고 국기로 제정되었다. 이 태양은 독립운동이 일어난 1810년 5월 25일에, 부에노스아이레스의 하늘에 뜬 「5월의 태양」이라고 부르며, 자유의 상징이 되었다.

- 위치 : 남아메리카 최남단 대서양 연안
- 면적: 278만 ㎢
- 인구: 4,510만 명
- 수도: 부에노스아이레스
- 통화 단위: 페소
- 주요 언어: 에스파냐어
- 민족: 유럽계 백인
- 주요 종교: 크리스트교(가톨릭)
- 성립·독립 연월일: 1816. 7. 9.
- 1인당 GDP: 9,888달러
- 국제 연합 가입 연월: 1945. 10.
- 대한민국과 국교 수교일: 1962. 2. 15.

에콰도르
Republic of Ecuador

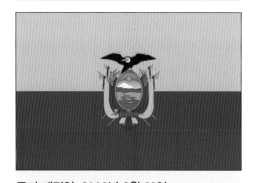

나라꽃: 카틀레야
과명: 난초과
영명: Cattleya
꽃말: 당신은 아름답습니다

국장 제정일: 1900년 12월 5일

타원형의 방패 속에 떠 있는 증기선, 바닷가, 뒤쪽에는 침보라소 화산과, 1845년 혁명의 4개월을 나타내는 천문학상의 기호가 아치형으로 그려져 있으며, 중앙에 자유의 태양, 위쪽에 안데스 콘도르, 방패 아래에는 공화 제도의 상징인 파스케스, 또한 방패 주위에는 4개의 국기를 배치하였다.

국기 제정일: 2009년 8월 22일

1822년에 독립을 선언하고, 이웃 국가인 콜롬비아, 베네수엘라가 형성하고 있던 연방 공화국에 합병되었다가, 1830년 분리 독립했다. 노랑, 파랑, 빨강의 가로 삼색기는 19세기 초부터 사용하였다. 중앙에 국장을 넣은 국기는 1900년에 제정되었다. 노랑은 국토의 풍부함, 파랑은 하늘과 바다, 빨강은 독립 투쟁으로 흘린 피를 나타낸다. 이 국기는 독립 투쟁의 영웅 2인의 기를 모델로 했다. 2009년에 국기 비율이 1 : 2에서 2 : 3으로 바뀌었다.

- 위치: 남아메리카 대륙 북단 적도상
- 면적: 28.4만 ㎢
- 인구: 1,730만 명
- 수도: 키토
- 통화 단위: 미국 달러
- 주요 언어: 에스파냐어
- 민족: 메스티소, 인디오, 유럽계, 흑인
- 주요 종교: 크리스트교(가톨릭)
- 성립·독립 연월일: 1809. 8. 10.
- 1인당 GDP: 6,249달러
- 국제 연합 가입 연월: 1945. 12.
- 대한민국과 국교 수교일: 1962. 10. 05.

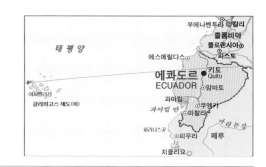

우루과이
Oriental Republic of Uruguay

국기 제정일: 1830년 7월 11일

16세기 이후 에스파냐, 포르투갈의 진출로 점거되었다가, 1828년에 독립했다. 이 지역에서는 파랑은 자유, 하양은 평화를 상징하는데, 국기에서 파랑, 하양, 파랑을 사용하고 있다. 9개의 줄무늬는 독립에 참가한 9주를, 주에 그려진 태양은 독립의 상징을 나타낸다. 이 국기는 우루과이의 독립을 지원하여 브라질과 싸운 아르헨티나의 국기와 아주 비슷하며, 미국 국기의 영향도 많이 받은 것으로 보인다.

나라꽃: 홍두화(황금옥)
과명: 콩과
영명: Cockspur Coral Tree
꽃말: 열정, 희생, 봉사

- 위치: 남아메리카 남동부
- 면적: 17.6만 ㎢
- 인구: 350만 명
- 수도: 몬테비데오
- 통화 단위: 페소
- 주요 언어: 에스파냐어
- 민족: 유럽계 백인, 메스티소
- 주요 종교: 크리스트교(가톨릭, 개신교)
- 성립·독립 연월일: 1825. 8. 25.
- 1인당 GDP : 17,029달러
- 국제 연합 가입 연월: 1945. 12.
- 대한민국과 국교 수교일: 1964. 10. 07.

국장 제정일: 1908년 10월 26일

방패 위에 독립의 상징을 나타내는 태양, 방패 속에는 정의를 나타내는 천칭, 힘을 나타내는 몬테비데오의 언덕, 자유를 나타내는 말, 부를 나타내는 소를 배치하고, 국기의 색 리본으로 월계수와 올리브 가지 화환을 묶어 놓았다.

칠레
Republic of Chile

국기 제정일: 1912년 1월 11일

19세기 초에 독립파가 몸에 붙인 휘장의 빨강, 하양, 파랑을 사용하고, 미국 국기를 모델로 하여 1818년에 독립 후 국기를 제정하고, 1912년에 지금의 형태로 수정하였다. 빨강은 독립을 위해 흘린 피, 하양은 안데스산맥의 눈, 파랑은 넓은 하늘을 나타낸다. 흰 별은 국가의 진보와 명예를 이끄는 것을 나타내며, 5개의 빛은 독립 당시의 5주를 나타낸다.

나라꽃: 라파게리아(칠레도라지)
과명: 필레시아과
영명: Chilean Bellflower
꽃말: 자랑, 겸손한 아름다움, 고결한 사랑

- 위치: 남아메리카 남서부 태평양 연안
- 면적: 75.6만 ㎢
- 인구: 1,870만 명
- 수도: 산티아고
- 통화 단위: 페소
- 주요 언어: 에스파냐어
- 민족: 메스티소, 백인, 원주민
- 주요 종교: 크리스트교(가톨릭, 개신교)
- 성립·독립 연월일: 1810. 9. 18.
- 1인당 GDP: 15,399달러
- 국제 연합 가입 연월: 1945. 10.
- 대한민국과 국교 수교일: 1962. 6. 12.

국장 제정일: 1834년 6월 24일

방패에 안데스산맥의 눈을 나타내는 흰 별, 국민의 피와 하늘을 나타내는 빨강과 파랑, 방패 위에는 3개의 미국 타조의 깃털, 방패잡이는 칠레 사슴과 콘도르이며, 아랫부분에 에스파냐어로 "Por La Razon O La Fuerza(도리 아니면 힘에 의해)"라고 쓰여 있는 표어 리본을 배치하였다.

콜롬비아
Republic of Colombia

나라꽃: 카틀레야 트리안니
과명: 난초과
영명: Christmas orchid
꽃말: 우아한 여성

국장 제정일: 1955년 8월 6일
방패의 윗부분에는 풍요의 뿔과 에스파냐의 그라나다의 상징인 석류, 가운데 부분에는 자유를 나타내는 빨간 모자, 아랫부분에는 태평양과 대서양 사이에 있는 파나마 지협, 방패 위에는 월계수 잎을 문 콘도르, 그 발밑의 표어 리본은 에스파냐어로 "Libertad Y Orden(자유와 질서)", 양옆에 국기가 배치되어 있다.

국기 제정 연도: 1863년
1819년에 베네수엘라와 연방 공화국을 형성하고, 1822년에는 에콰도르도 병합했지만, 1830년 분리 독립했다. 1863년에 콜롬비아 합중국이 된 때에 국기가 제정되고, 1886년 콜롬비아 공화국이 되었다. 이 가로 삼색기는 독립 투쟁의 영웅 2명의 기를 모델로 하였으며, 노랑은 신대륙의 금, 파랑은 태평양과 카리브해, 빨강은 독립 투쟁으로 흘린 피를 나타낸다. 기가 대통령, 해군, 상선에 사용되는 경우에는 특별한 휘장이 추가된다.

- 위치 : 남아메리카 최남단 대서양 연안
- 면적: 113.9만 km²
- 인구: 5,040만 명
- 수도: 보고타
- 통화 단위: 페소
- 주요 언어: 에스파냐어
- 민족: 메스티소, 백인, 물라토, 흑인, 삼보, 원주민
- 주요 종교: 크리스트교(가톨릭)
- 성립·독립 연월일: 1810. 7. 20.
- 1인당 GDP: 6,508달러
- 국제 연합 가입 연월: 1945. 11.
- 대한민국과 국교 수교일: 1962. 2. 15.

파라과이
Republic of Paraguay

나라꽃: 시계꽃
과명: 시계꽃과
영명: Passion Flower
꽃말: 성스러운 사랑

국장 제정일: 2013년 7월 15일
국고 증명 도장 제정일: 2013년 7월 15일
겉: 가운데에 독립을 상징하는 별을, 승리와 평화를 나타내는 야자나무 잎과 올리브 가지 화환으로 둘러싸고, 주위에 국명을 넣은 흰색 고리를 배치한 인장 형태의 국장이다.
속: 깃발 끝을 향해 있는 사자, 자유의 빨간 모자, 그 위에 에스파냐어로 "Paz Y Justicia(평화와 정의)" 라고 쓰여 있는 표어 리본을 배치한 국장 인증이다. 2013년 국장과 국장 인증은 일부 수정되었다.

국기 제정일: 2013년 7월 15일
1811년 5월에 에스파냐에서 독립한 파라과이의 국기는 특이하며, 속과 겉의 디자인이 다르다. 1830년에 호세 로드리게스 최고 사령관이 프랑스 국기의 빨강, 하양, 파랑을 선택하여, 가로 삼색기가 되었다. 빨강은 용기와 조국애, 하양은 평화와 단결, 파랑은 관대함과 자유를 나타낸다. 국기 중앙의 겉에는 국장, 속에는 국고 증명 도장이 1842년에 추가되었다. 2013년에 국기가 수정되었다.

- 위치: 남아메리카 대륙 북단 적도상
- 면적: 40.7만 km²
- 인구: 720만 명
- 수도: 아순시온
- 통화 단위: 과라니
- 주요 언어: 에스파냐어, 과라니어
- 민족: 혼혈, 유럽계, 동양계, 아랍계
- 주요 종교: 크리스트교(가톨릭)
- 성립·독립 연월일: 1811. 5. 15.
- 1인당 GDP: 5,692달러
- 국제 연합 가입 연월: 1945. 10.
- 대한민국과 국교 수교일: 1962. 10. 05.

페루
Republic of Peru

국기 제정일: 1825년 2월 25일

1821년에 에스파냐로부터 독립하고 1822년에 제정한 페루 국기는 가운데에 문장을 그려 넣은 빨강, 하양, 빨강의 가로 삼분할 기였지만, 1823년 세로 삼분할 기로 변경하고, 1825년에 현재의 국기를 제정했다. 빨강은 용기와 애국심, 하양은 평화를 나타낸다. 독립운동이 한창일 때, 호세 데 산 마르틴 장군이 행운의 상징으로 여겨지는 많은 플라밍고가 하늘을 나는 것을 보고 흰색 기를 만들었다고 한다.

나라꽃: 칸투아
과명: 꽃고비과
영명: Cantua
꽃말: 화합, 희망

- 위치: 남아메리카 남동부
- 면적: 128.5만 km²
- 인구: 3,250만 명
- 수도: 리마
- 통화 단위: 누에보솔
- 주요 언어: 에스파냐어, 케추아어
- 민족: 인디오, 메스티소, 백인, 흑인 및 동양인
- 주요 종교: 크리스트교(가톨릭)
- 성립 · 독립 연월일: 1821. 7. 28.
- 1인당 GDP: 7,047달러
- 국제 연합 가입 연월: 1945. 10.
- 대한민국과 국교 수교일: 1963. 4. 1.

국장 제정일: 1825년 2월 25일

국기 중앙의 문장에는 빨간 리본으로 묶여 있는 승리와 번영을 나타내는 떡갈나무 가지 화환에 둘러싸인 방패 속에 국가의 3가지 자원인 비쿠냐, 키나나무, 금화 넘치는 풍요의 뿔이 그려져 있는데, 국장은 여기에서 방패 주위의 월계수와 야자나무 가지를 빼고, 4개의 국기로 교체하였다.

아메리카의 공동체

1. 북미 자유 무역 협정(NAFTA)
(The North American Free Trade Agreement)
북아메리카 3개국이 관세 철폐와 비관세 장벽 제거 등을 통해 자유 무역 지대를 형성하고자 체결했다.

*회원국: 캐나다, 미국, 멕시코
　체결 일자: 1992. 10. 11.
　인구: 4억 8,473만 명
　GDP: 20조 4,991억 달러

2. 남미 국가 연합(UNASUR)
(Unión de Naciones Suramericanas)
남아메리카 국가들이 국제 사회에서의 영향력을 확대하고자 설립한 정치·경제 공동체로, 12개의 회원국을 두고 있다.

*회원국: 볼리비아, 에콰도르, 콜롬비아, 페루, 베네수엘라 볼리바르, 브라질, 아르헨티나, 우루과이, 파라과이, 가이아나, 수리남, 칠레
　창설 일자: 2008. 5. 23.

3. 중남미 · 카리브해 국가 공동체(CELAC)
(Comunidad de Estados Latinoamericanosy Caribeños, CELAC)
중남미·카리브해 국가 공동체 (CELAC:)는 라틴아메리카와 카리브해 국가들이 2010년 2월 23일에 리우 회담–카리브해 공동체 연합 회의, 2011년 12월 3일에 베네수엘라에서 카르카스 선언과 함께 설립된 단체이다. 아메리카 대륙의 33개국이 참여하고 있으며, 이들은 아메리카 대륙의 6억 인구를 대표한다.
이 기구가 라틴 아메리카와 카리브 해 국가들의 기구라는 점에 초점을 맞추고, 중남미·카리브 해 국가 공동체는 리우 회담과 "통합 및 발전을 위한 라틴 아메리카 및 카리브 해 회담"의 계승자로 여겨지고 있다.
2010년 7월 중남미·카리브해 국가 공동체는 베네수엘라 볼리바르 대통령 우고 차베스와 칠레 대통령 세바스티안 피녜라를 공동 의장으로 선출했다.

오세아니아

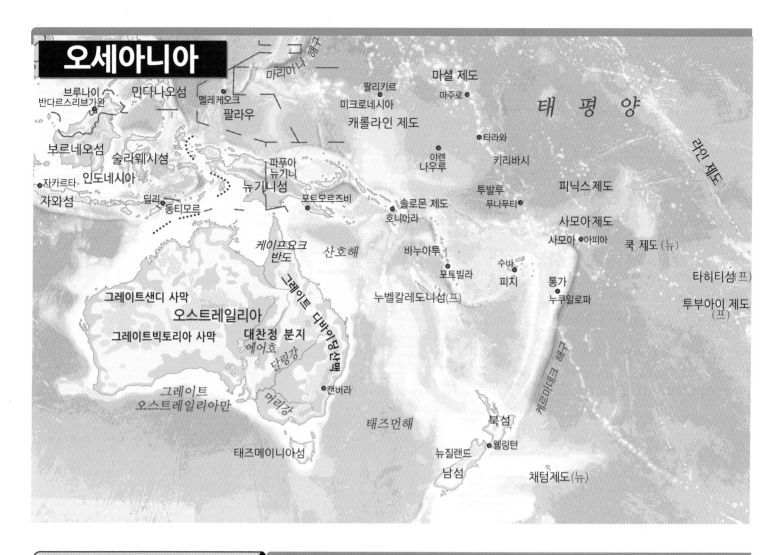

태평양

마리아나 해구

브루나이
반다르스리브가완
민다나오섬
멜레케오크
팔라우
팔리키르
미크로네시아
캐롤라인 제도
마셜 제도
마주로
보르네오섬
술라웨시섬
자카르타
인도네시아
자와섬
딜리
동티모르
파푸아
뉴기니
뉴기니섬
포트모르즈비
타라와
키리바시
야렌
나우루
투발루
푸나푸티
피닉스제도
라인 제도
솔로몬 제도
호니아라
산호해
바누아투
포트빌라
사모아 제도
사모아 아피아
쿡 제도 (뉴)
타히티섬(프)
투부아이 제도
(프)
케이프요크
반도
그레이트
디바이딩산맥
수바
피지
누벨칼레도니섬(프)
통가
누쿠알로파
그레이트샌디 사막
오스트레일리아
그레이트빅토리아 사막
대찬정 분지
에어호
달링강
캔버라
그레이트
오스트레일리아만
머리강
태즈먼해
북섬
웰링턴
뉴질랜드
남섬
채텀제도(뉴)
태즈메이니아섬

나우루
Republic of Nauru

국기 제정일: 1968년 1월 31일

제2차 세계 대전 후 나우루는 영국, 오스트레일리아, 뉴질랜드 3국의 국제 연합 신탁 통치령이 되었다가, 1968년 독립했다. 국기는 나라의 지리적 위치를 나타내는데, 흰 별은 국토, 12가닥의 빛은 12부족을 나타내며, 파랑은 태평양, 노란색의 줄무늬는 적도를, 흰 별이 깃대 가까이 노란색 줄무늬 밑에 있는 것은 나우루가 날짜 변경선의 서쪽, 적도의 약간 남쪽에 위치한다는 것을 나타낸다.

나우루의 인산염 광산

- 위치 : 오스트레일리아 동북방 1,300마일 섬나라
- 면적: 21 ㎢
- 인구: 1.3만 명
- 수도: 야렌
- 통화 단위: 오스트레일리아 달러
- 주요 언어: 나우루어, 영어
- 민족: 폴리네시아인
- 주요 종교: 크리스트교
- 성립·독립 연월일: 1968. 1. 13.
- 1인당 GDP: 8,270달러
- 국제 연합 가입 연월: 1999. 9.
- 대한민국과 국교 수교일: 1979. 8. 20.

국장 제정일: 1968년 1월 31일

방패 속에 특산물 「인」이 연금술에서 사용되는 기호, 군함조, 칼로필룸 꽃, 위에 나우루어로 쓴 국명과 12가닥의 빛, 방패 양쪽에 추장이 의식 때에 꽂는 군함조의 깃털, 상어 이빨, 띠로 만든 장식을 배치한 것이다. 아랫부분에 영어로 "God's Will First(신의 뜻이 먼저)" 라고 쓰여 있는 표어 리본을 배치하였다.

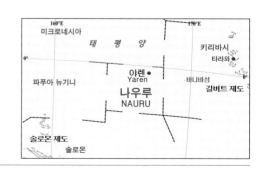

뉴질랜드
New Zealand

국기 제정일: 1902년 6월 12일

남반구의 국가들에서는 국기에 남십자성을 넣은 것이 많은데, 이 나라에서는 남반구에서 가장 먼저, 1869년에 파란색 바탕의 기에 남십자성을 넣었다. 왼쪽 상단에 다른 식민지처럼 유니언 플래그를 넣고, 오른쪽에 흰색 테두리의 4개의 빨간 오각 별을 그려 넣었다. 뉴질랜드에서는 남십자성은 붉게 빛나 보인다고 한다. 유니언 플래그는 영국과의 오래된 관계를 나타낸다.

나라꽃: 코와이
과명: 콩과
영명: Kowhai
꽃말: 영원, 견고함, 영구함

- 위 치 : 남서 태평양
- 면적: 27만 ㎢
- 인구: 500만 명
- 수도: 웰링턴
- 통화 단위: 뉴질랜드 달러
- 주요 언어: 영어, 마오리어
- 민족: 유럽인, 마오리족, 아시아계,
  폴리네시아인
- 주요 종교: 크리스트교(성공회, 가톨릭, 개신교)
- 성립 · 독립 연월일: 1907. 9. 26.
- 1인당 GDP: 40,634달러
- 국제 연합 가입 연월: 1945. 10.
- 대한민국과 국교 수교일: 1962. 3. 26.

국장 제정일: 1957년 7월 11일

방패에 뉴질랜드를 나타내는 남십자성, 농업을 나타내는 보리 다발과 양, 광업을 나타내는 망치, 나라에 있어서 중요한 교역을 나타내는 3척의 갈레선, 방패잡이에 양치식물을 밟고 영국 식민을 나타내는 기를 든 여자와, 현지 주민을 나타내는 창을 든 추장, 방패 위에는 영국 국왕관을 배치하였다.

마셜 제도
Republic of the Marshall Islands

국기 제정일: 1979년 5월 1일

초대 대통령 부인에 의해 고안되었는데, 파랑은 태평양, 하양은 평화, 오렌지색은 용기, 2개의 줄무늬는 라타크 제도와 랄리크 제도를 나타낸다. 오렌지색 줄무늬 위에 있는 흰 별은 이 나라가 적도의 약간 북쪽에 위치하고 있다는 것을 나타내며, 흰 별의 24개의 빛은 자치단체의 수를 나타낸다. 또한 4개의 긴 빛은 십자를 본뜬 것이며, 크리스트교 신자가 많다는 것을 나타낸다. 1986년 10월 21일에 독립하고, 그 후에도 국기로 사용하고 있다.

나라꽃: 플루메리아(비공식)
과명: 협죽도과
영명: Champa Flower
꽃말: 희생, 존경, 축복 받을 사람

- 위치: 태평양 중서부 미크로네시아 동쪽
- 면적: 181 ㎢
- 인구: 5.6만 명
- 수도: 마주로
- 통화 단위: 미국 달러
- 주요 언어: 마셜어, 영어
- 민 족: 마셜인
- 주요 종교: 크리스트교
- 성립 · 독립 연월일: 1986. 10. 21.
- 1인당 GDP: 3,925달러
- 국제 연합 가입 연월: 1991. 9.
- 대한민국과 국교 수교일: 1991. 4. 5.

국장 제정 연도: 1979년

쇠사슬로 둘러싸인 인장형 문장으로, 가운데에 국기와 똑같이 24개의 빛을 내는 별, 중앙에 날개를 편 평화의 천사, 방망이, 카누, 야자나무 잎, 어업용 그물을 배치하고, 바깥쪽 테두리에 영어로 국명과, 마셜어로 "Jepilpilin Ke Ejukaan (함께 노력하여 수행한다)" 라는 표어가 쓰여 있다.

미크로네시아
Federated States of Micronesia

나라꽃(비공식): 비터
과명: 쇠비름과
영명: Bitterroot

국장 제정일: 1979년 5월 10일

인장형 문장으로, 가운데에 주요 4개의 섬을 나타내는 4개의 오각 별, 바다에 떠올라 잎을 내놓은 코코넛 열매, 헌법 공포 연도인 1979년, 영어로 "Peace, Unity, Liberty(평화, 통일, 자유)"라고 쓰여 있는 표어 리본을 배치하고, 바깥 테두리에 미크로네시아 연방 정부라고 쓰여 있다.

국기 사용 개시일: 1986년 11월 3일

1962년 10월 24일, 국제 연합 기념일에 채택된 지역 기는, 지역의 수를 나타내는 6개의 오각 별을 원형으로 배치한 파란색 기였다. 태평양 신탁 통치령에서 분리된 1978년에, 흰 별은 주요 4개의 섬을 나타내는 4개로 바뀌고, 이것을 연결하면 십자가 되는데, 남십자성과 크리스트교를 나타낸다. 파랑은 태평양과 자유, 하양은 평화를 나타낸다. 1986년 11월 3일 독립할 때 국기의 색을 국제 연합 기보다 짙은 파랑으로 변경했다.

- 위치: 남태평양
- 면적: 702 ㎢
- 인구: 10.2만 명
- 수도: 팔리키르
- 통화 단위: 미국 달러
- 주요 언어: 영어, 미크로네시아어
- 민족: 미크로네시아인
- 주요 종교: 크리스트교(가톨릭, 개신교)
- 성립 · 독립 연월일: 1986. 11. 3.
- 1인당 GDP: 3,718달러
- 국제 연합 가입 연월: 1991. 9.
- 대한민국과 국교 수교일: 1991. 4. 5.

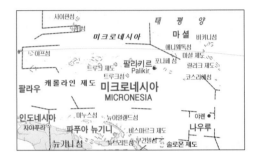

바누아투
Republic of Vanuatu

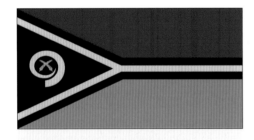

나라꽃: 플루메리아
과명: 협죽도과
영명: Plumeria
꽃말: 희생, 존경

국장 제정일: 1980년 2월 19일

바누아투의 화산, 국기와 마찬가지로 돼지의 어금니와 양치식물을 배경으로 창을 갖고 있는 전사를 그리고, 아랫부분에 비슬라마어로 "Long God Yumistanap(신과 함께 존재한다)"라는 표어가 들어간 노란색 리본을 배치하였다.

국기 제정일: 1980년 2월 18일

1906년 이후 영국과 프랑스의 공동 통치하에 놓여 있었지만, 1980년 7월 30일 독립했다. 깃대 가까이에 있는 노란색 돼지의 어금니는, 예전부터 종교상의 장식으로 힘과 부를 상징해 왔다. 그 속의 2장의 나멜레라는 양치식물은 신생 국가와 헌법을 나타내며, 39개의 잎은 의회의 의원 수를 나타낸다. 검정은 국민인 멜리네시아인, 빨강은 제물인 돼지 피, 초록은 국토의 풍성함, 노랑은 태양과 크리스트교를 나타낸다. 노란색 Y자는 여러 섬의 형태를 나타낸다.

- 위치: 남태평양
- 면적: 1.2만 ㎢
- 인구: 29.2만 명
- 수도: 포트빌라
- 통화 단위: 바투
- 주요 언어: 비슬라마어, 영어, 프랑스어
- 민족: 멜라네시아인, 유럽인, 폴리네시아인
- 주요 종교: 크리스트교, 토속 신앙
- 성립 · 독립 연월일: 1980. 7. 30.
- 1인당 GDP: 3,260달러
- 국제 연합 가입 연월: 1981. 9.
- 대한민국과 국교 수교일: 1980. 11. 5.

사모아
Independent State of Samoa

나라꽃: 붉은 생강(홍화월도)
과명: 생강과
영명: Red Ginger

국기 제정일: 1949년 2월 24일

1962년 1월 1일에 독립한 서사모아의 국기는, 예전에 이 나라를 통치했던 영국 및 뉴질랜드 국기의 3색(파랑, 빨강, 하양)을 토대로 하여 만들어졌다. 1997년 7월에 국명을 서사모아에서 사모아 독립국으로 변경한 후에도 국기는 바뀌지 않았다. 파랑은 자유, 빨강은 용기, 하양은 순수함을 나타내며, 왼쪽 상단의 5개의 오각 별은 남십자성으로, 이 국가가 남반구에 위치하고 있다는 것을 나타낸다.

- 위치: 뉴질랜드 북방 적도상
- 면적: 2,831 km²
- 인구: 20.1만 명
- 수도: 아피아
- 통화 단위: 사모아 탈라
- 주요 언어: 사모아어, 영어
- 민족: 폴리네시아인
- 주요 종교: 크리스트교
- 성립 · 독립 연월일: 1962. 1. 1.
- 1인당 GDP: 4,501달러
- 국제 연합 가입 연월: 1976. 12.
- 대한민국과 국교 수교일: 1972. 9. 15.

국장 제정일: 1962년 1월 1일

남십자성을 방패의 중앙에 배치하고, 그 위에 야자나무, 방패 위에는 십자가, 주위에는 올리브 가지 화환과, 사모아어로 "Fa Avaei le Atua Samoa(신이 사모아에 있기를)" 라고 쓰여 있는 표어 리본을 배치하였다.

솔로몬 제도
Solomon Islands

산호초로 둘러싸인 솔로몬 제도의 섬

국기 제정일: 1977년 11월 18일

5개의 흰색 오각 별은 이 나라의 5개의 행정 구역을 나타내며, 파랑은 하늘과 바다, 초록은 비옥한 토지, 파랑과 초록의 2개의 삼각형을 나누는 노란색의 사선 줄무늬는 태양을 나타낸다. 이 기는 의회에서 토의를 거듭한 끝에 채택된 것으로 1978년 7월 7일에 솔로몬 제도가 독립한 후에도 국기로 사용되고 있다.

- 위치: 오스트레일리아 북방 남태평양
- 면적: 2.9만 km²
- 인구: 64.1만 명
- 수도: 호니아라
- 통화 단위: 솔로몬 달러
- 주요 언어: 영어, 피진어
- 민족: 멜라네시아인, 폴리네시아인, 미크로네시아인
- 주요 종교: 크리스트교
- 성립 · 독립 연월일: 1978. 7. 7.
- 1인당 GDP: 2,247달러
- 국제 연합 가입 연월: 1978. 9.
- 대한민국과 국교 수교일: 1970. 9. 15.

국장 제정일: 1978년 7월 7일

방패잡이는 악어와 상어이며, 방패 속에 군함조, 독수리, 거북, 활과 화살, 창, 방패, 투구 장식에 태양과 카누, 아랫부분에 도안화된 군함조와 영어로 "To Lead Is To Serve(이끄는 것은 봉사하는 것이다)" 라고 쓰여 있는 표어 리본을 배치하였다.

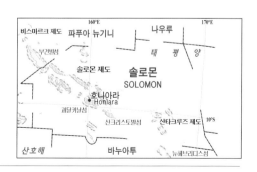

오스트레일리아
Commonwealth of Australia

국기 제정일: 1954년 4월 14일

1901년 1월 1일에 6개의 영국 식민지가 모여 오스트레일리아 연방을 결성했다. 같은 해 디자인 공모 대회에서 국기의 원형이 결정되고, 1908년 수정되었다. 큰 칠각 별은 「연방의 별」이라고 하며, 6개의 주와 1개의 준주를 나타낸다. 국기 오른쪽에 위치한 4개의 칠각 별과 1개의 오각 별은 남십자성을 나타내며, 이 국가가 남반구에 위치한다는 것을 나타낸다. 왼쪽 상단의 유니언 플래그는 영국과 오스트레일리아의 역사적, 정치적인 관계를 나타낸다.

나라꽃: 골든와틀
과명: 미모사과
영명: Golden wattle
용도: 땔감, 향수

- 위치 : 남태평양
- 면적: 774.1만 ㎢
- 인구: 2,560만 명
- 수도: 캔버라
- 통화 단위: 오스트레일리아 달러
- 주요 언어: 영어
- 민족: 앵글로색슨, 유럽 및 아시아계, 원주민
- 주요 종교: 크리스트교
- 성립 · 독립 연월일: 1901. 1. 1.
- 1인당 GDP : 53,825달러
- 국제 연합 가입 연월: 1945. 11.
- 대한민국과 국교 수교일: 1961. 10. 30.

국장 제정일: 1912년 9월 19일

방패 가운데에 6주의 상징을 넣고, 윗부분에 연방의 별, 아랫부분에 국명 리본, 뒤에 국화인 아카시아, 좌우에 방패를 지탱하는 캥거루와 에뮤를 배치하였다. 6주의 상징은 「십자에 별」, 「왕관에 별」, 「몰타십자」, 「날개를 편 때까치」, 「흑조」, 「붉은 사자」이다.

쿡 제도
Cook Islands

국기 제정일: 1979년 8월 4일

1888년에 영국 보호령, 1901년에 뉴질랜드령이 되고, 1965년부터는 외교, 방위 이외의 광범위한 자치권을 소유하고 있다. 15개의 흰색 오각 별을 오른쪽에 그리고, 왼쪽 상단에 영국 국기를 넣은 영국의 청색 선박기이다. 파랑은 태평양과 뉴질랜드 및 영국과의 관계를, 하양은 평화와 애정을 나타낸다. 15개의 별은 국가를 구성하는 주요 15개의 섬을 나타내며, 이 별들이 똑같은 크기로 원형으로 되어 있는 것은, 평화와 통일을 나타낸다.

나라꽃: 타히티 치자
과명: 꼭두서닛과
영명: Tahitian gardenia(Tiar'e flower)
용도: 향수, 약용

- 위치: 남태평양
- 면적: 236 ㎢
- 인구: 2만 명
- 수도: 아바루아
- 통화 단위: 뉴질랜드 달러
- 주요 언어: 영어, 폴리네시아어
- 민족: 폴리네시아인, 기타 유럽인
- 주요 종교: 쿡 제도 기독교회, 가톨릭
- 성립 · 독립 연월일: 1965. 8. 4.
- 1인당 GDP: 22,252달러
- 국제 연합 가입 연월: −
- 대한민국과 국교 수교일: −

문장 제정 연도: 1979년

15개의 흰색 오각 별을 원형으로 배열한 파란색 방패, 방패잡이는 십자가를 가지고 있는 바다제비와 노를 가지고 있는 날치, 방패 위에 수장이 쓰는 빨간 깃털로 만든 관, 아랫부분에 진주와 야자나무 잎, 지역 이름 리본을 배치한 것이다.

키리바시
Republic of Kiribati

키리바시 길버트 제도, 오노타 환초

국기 제정일: 1979년 7월 12일

1975년에 키리바시 제도가 영국령 길버트 엘리스 제도로부터 분리되고, 1979년에 독립하고, 국명을 현지어인 키리바시로 변경했다. 국기는 1937년에 영국 정부로부터 수여받은 식민지 시대의 성 문장을 토대로 하여 만들어졌다. 물결 모양의 파랑은 태평양, 3개의 흰색 선은 이 나라를 구성하는 3개 지구를, 노란 새는 키리바시에 서식하는 군함조로 강력함과 아름다움을, 노란 태양과 빨간 바탕색은 열대의 바다에 아침 해가 떠오르는 모습을 나타낸다.

- 위치: 뉴질랜드 북방 적도상
- 면적: 811 ㎢
- 인구: 11.7만 명
- 수도: 타라와
- 통화 단위: 오스트레일리아 달러
- 주요 언어: 키리바시어, 영어
- 민족: 미크로네시아인
- 주요 종교: 크리스트교
- 성립·독립 연월일: 1979. 7. 12.
- 1인당 GDP: 1,575달러
- 국제 연합 가입 연월: 1999. 9.
- 대한민국과 국교 수교일: 1980. 5. 2.

국장 제정일: 1979년 7월 12일

국기와 똑같이 군함조, 태양, 태평양을 배치한 방패형 문장으로, 아랫부분에 키리바시어로 "Te Mauri Te Raoi Ao Te Tabomoa(건강, 평화, 번영)" 라는 표어가 쓰여 있다.

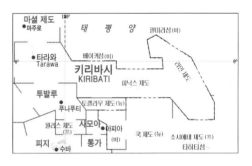

통가
Kingdom of Tonga

나라꽃: 헤일랄라
과명: 글루시아과
영명: Heilala
용도: 약용, 장식용

국기 제정일: 1875년 11월 4일

1866년에 국왕 조지 투포우 1세는, 왼쪽 상단의 흰색 직사각형 안에 적십자를 그려 넣은 빨간색 기를 국기로 채택했다. 빨강은 그리스도의 피, 하양은 평화와 치우침이 없는 마음을 나타낸다. 1875년의 새 헌법에서 국기로 삼고 정식으로 제정했다. 1900년부터 70년간 영국의 지배를 받고 1970년 독립했지만, 그 사이에도 계속 이 국기를 사용했다.

- 위치: 뉴질랜드 북방
- 면적: 747 ㎢
- 인구: 10.1만 명
- 수도: 누쿠알로파
- 통화 단위: 파앙가
- 주요 언어: 통가어, 영어
- 민족: 폴리네시아인, 기타 유럽인
- 주요 종교: 크리스트교
- 성립·독립 연월일: 1970. 6. 4.
- 1인당 GDP: 4,862달러
- 국제 연합 가입 연월: 1999. 9.
- 대한민국과 국교 수교일: 1970. 9. 11.

국장 제정 연도: 1875년

윗부분에 왕관과 사법 권위를 나타내는 별, 왕관, 크리스트교를 나타내는 비둘기, 왕가를 나타내는 3자루의 검, 크리스트교를 의미하는 십자를 그린 육각 별과 십자 페넌트를 배치한 것이다. 아랫부분에는 통가어로 "Koe Otua Mo Tonga Ko Hoku Tofi, a(신과 통가는 우리 재산)" 이라는 표어가 쓰여 있다.

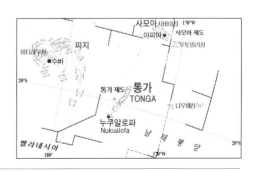

투발루
Tuvalu

투발루의 아름다운 푸나푸티 산호

국기 제정일: 1978년 10월 1일
국기 부활일: 1997년 4월 11일

1975년에 엘리스 제도가 영국령 길버트 엘리스 제도에서 분리, 1978년 독립하고, 투발루로 이름을 고쳤다. 투발루는 폴리네시아어로 8을 의미하는데, 오른쪽에는 이 국가의 섬의 수를 나타내는 9개의 노란색 오각 별이 그려져 있다. 왼쪽 상단의 유니언 플래그는 영국과의 정치적, 역사적인 관계를 나타낸다. 1995~1997년 사이에는 유니언 플래그가 들어가 있지 않은 국기를 사용했지만, 1997년 정권 교체에 의해 옛 국기가 부활했다.

- 위치: 뉴질랜드 북방 적도부근
- 면적: 26 ㎢
- 인구: 1.1만 명
- 수도: 푸나푸티
- 통화 단위: 오스트레일리아 달러
- 주요 언어: 영어, 투발루어
- 민족: 폴리네시아인
- 주요 종교: 크리스트교(개신교)
- 성립 · 독립 연월일: 1978. 10. 1.
- 1인당 GDP: 3,835달러
- 국제 연합 가입 연월: 2000. 9.
- 대한민국과 국교 수교일: 1978. 11. 15.

국장 제정일: 1976년 12월 3일

중앙에 마니아파라고 하는 회의장을 그린 방패 가장자리에 국가의 풍요를 나타내는 바나나 잎과 소라를 그렸는데 이는, 각각은 국명에서 유래하는데 8개씩 배치했다. 아랫부분에는 투발루어로 "Tuvalu Mo Te Atua(신을 위한 투발루)" 라고 쓰여 있는 표어 리본이 붙어 있다.

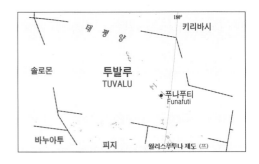

파푸아 뉴기니
Independent State of Papua New Guinea

파푸아 뉴기니 국조인 라기아나 극락조

국기 제정일: 1971년 3월 12일

국기는 1971년 디자인 공모 대회에서 여학생의 작품이 선택되었다. 빨강과 검정은 이 나라에서 옷이나 미술품에 자주 사용되는 전통색이다. 노란색의 극락조는 이 국가 고유의 새로서, 자유, 통합과 비약을 나타낸다. 그리고 흰색 남십자성은 남반구에 위치한다는 것과 오스트레일리아와의 관계를 나타낸다. 1975년 9월 16일에 독립한 뒤에도 국기로 사용되고 있다.

- 위치: 남태평양
- 면적: 46.3만 ㎢
- 인구: 860만 명
- 수도: 포트모르즈비
- 통화 단위: 키나
- 주요 언어: 영어, 피진어
- 민족: 멜라네시아인, 미크로네시아인, 폴리네시아인, 중국계 및 유럽계
- 주요 종교: 크리스트교, 토속 신앙
- 성립 · 독립 연월일: 1975. 9. 16.
- 1인당 GDP: 2,742달러
- 국제 연합 가입 연월: 1975. 10.
- 대한민국과 국교 수교일: 1976. 5. 19.

국장 제정일: 1971년 3월 12일

파푸아 뉴기니 특산인 날개를 편 극락조 아래에 전통적인 창과 의전용 큰북, 국명을 배치한 것이다.

팔라우
Republic of Palau

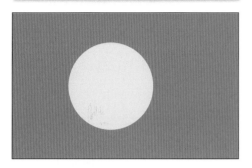

나라꽃: 플루메리아 루브라
과명: 협죽도과
영명: Frangipani
용도: 정원, 공원, 사원

국기 제정일: 1981년 1월 1일

1980년까지는 미국 태평양 신탁 통치령이었지만, 1981년 자치 정부가 수립되고 국기가 제정되었다. 새 국기는 1000점 이상의 응모 작품 중에서 선택한 것인데, 파랑은 태평양과 독립, 깃대 쪽 가까이에 그려진 노란색 원은 보름달로, 팔라우가 주권 국가가 되었다는 것을 나타낸다. 이 기는 월장기로 불린다.

국장 제정일: 1981년 1월 1일

인장형 국장으로, 가운데에 자치 정부가 수립된 해인 1981년을 로마 숫자로 표기하고, 외벽에 팔라우의 전투와 신화를 그린 집회소, 공식 인증이라고 쓴 기, 바깥쪽에 국명을 쓴 것이다.

- 위치: 필리핀 동남쪽
- 면적: 459 ㎢
- 인구: 1.7만 명
- 수도: 멜레케오크
- 통화 단위: 미국 달러
- 주요 언어: 팔라우어, 영어
- 민족: 미크로네시아인
- 주요 종교: 크리스트교, 토속 신앙
- 성립 · 독립 연월일: 1994. 10. 1.
- 1인당 GDP: 16,736달러
- 국제 연합 가입 연월: 1994. 12.
- 대한민국과 국교 수교일: 1995. 3. 22.

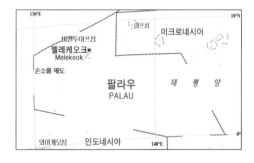

피지
Republic of Fiji

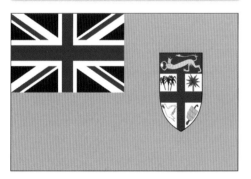

나라꽃: 탕이모디아
과명: 야모란과
영명: Tagimocia
참고: 멸종위기 식물

국기 제정일: 1970년 10월 10일

1970년 독립에 즈음하여 왼쪽 상단에 영국 식민지 시대를 나타내는 유니언 플래그가 추가되고, 오른쪽에 지역 문장을 그린 영국 청색 선박 기를 수정하여 국기로 제정했다. 바탕색은 오스트레일리아와 뉴질랜드 국기에 사용된 짙은 파랑에서 밝은 파랑으로 변경하고, 오른쪽에는 국장에서 방패 부분만을 그려 넣었다. 1987년에 피지 공화국, 1998년에 피지 제도 공화국이 되었다. 2009년 4월에 국명을 다시 피지 공화국으로 개칭했다.

국장 제정일: 1908년 7월 4일

방패에는 코코아 열매를 갖고 있는 사자, 사탕수수, 야자나무, 올리브의 작은 가지를 물고 있는 비둘기, 바나나송이가 그려져 있고, 위쪽에는 카누, 방패잡이는 2명의 남자와 여자, 아랫부분에는 피지어로 "Rerevaka na Kalou ka doka na Tui(신을 두려워하고 왕을 공경하라)"라고 쓰여 있는 표어 리본을 배치하였다.

- 위치: 남태평양 오스트레일리아 동북방
- 면적: 1.8만 ㎢
- 인구: 90만 명
- 수도: 수바
- 통화 단위: 피지 달러
- 주요 언어: 영어, 피지어, 힌두어
- 민족: 피지인, 인도인
- 주요 종교: 크리스트교, 힌두교, 이슬람교
- 성립 · 독립 연월일: 1970. 10. 10.
- 1인당 GDP: 6,380달러
- 국제 연합 가입 연월: 1970. 10.
- 대한민국과 국교 수교일: 1971. 1. 30.

국제 올림픽 위원회 가맹 지역

괌섬
Guam

기 제정일: 1948년 2월 9일

1917년에 미군 장교 부인 헬렌 폴에 의해 고안되고, 1948년에 기로 제정되었다. 빨강은 국민이 흘린 피, 파랑은 괌의 통일을 나타낸다. 문장의 타원형은 차모로인이 현무암과 산호를 잘라내어 사용한 투석탄을 본뜬 것이다. 그 속에 「연인의 곳」이 바라다보이는 괌의 풍경이 그려져 있다. 하갓냐강은 섬의 자원을 공유한다는 의미를, 태풍 뒤에 남은 한 그루의 야자나무는 어려움을 극복하는 섬사람의 끈질긴 힘을 상징한다.

나라꽃: 부겐빌레아
과명: 분꽃과
영명: Paper Flower
꽃말: 정렬, 환상, 영원한 사랑

- 위치: 미국 자치령(Unincorporated Territory)
- 면적: 544 ㎢
- 인구: 168,000명
- 수도: 하갓냐
- 통화 단위: 미국 달러
- 주요 언어: 영어, 차모로어, 필리핀어, 기타
- 민족: 차모로인, 필리핀인, 백인,
- 주요 종교: 크리스트교
- 성립 · 독립 연월일: 1968. 1. 13.
- 1인당 GDP: 35,692달러(2017)

문장 제정일: 1930년 4월 4일

기와 똑같이 괌의 풍경을 그린 타원형의 인장형 문장으로 바깥쪽의 빨간색 테두리 속에 영어와 차모로어로 각각 "Great Seal of Guam(괌의 인장)" "Tano I Man Chamorro(차모로인의 고향)"라고 쓰여 있다.

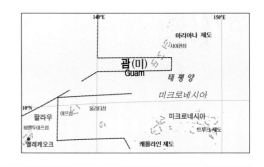

미국령 버진 제도
United States Virgin Islands

나라꽃: 노란트럼펫꽃나무
과명: 능소화과
영명: Yellow Trumpetbush

기 제정일: 1921년 5월 17일

카리브해 동부, 소앤틸리스 제도 북부에 위치하는 미국령 제도이다. 서쪽 반은 미국령이고, 동쪽 반은 영국 영토이다. 17세기에 덴마크 영토가 되었고, 1917년 미국이 덴마크로부터 할양받았다. 기는 중앙에 노란색 독수리와 「Virgin Islands」의 머리 문자를 쓴 흰색 기이다. 독수리의 가슴에는 빨간색과 흰색으로 된 13개의 줄무늬와 윗부분에 파란색 미국 국장을 단순화한 방패가 붙어 있다. 독수리는 발에 평화를 나타내는 초록색 올리브 가지와, 국토방위를 나타내는 3개의 파란색 화살을 쥐고 있다. 하양은 순수함을 나타낸다.

- 위치 : 중앙아메리카 카리브해 북부
- 면적: 1,910 ㎢
- 인구: 10.7만 명(2018)
- 수도: 샬럿 아말리에
- 통화 단위: 미국 달러
- 주요 언어: 영어
- 민족: 흑인, 백인, 혼혈
- 주요 종교: 크리스트교, 가톨릭,
- 성립 · 독립 연월일: 1907. 9. 26.
- 1인당 GDP: 37,000달러(2016)

문장 제정 연도: 1990년

인장형 문장으로, 파란색 바탕에 버진 제도 고유의 새, 꽃들, 제도 전체의 지도, 미국 국기와 옛 종주국 덴마크 국기, 그 밑에 영어로 "United in pride and hope(긍지와 희망에 의한 통합)"라고 쓰여 있는 표어 리본, 둘레에 노란색 바탕에 「미령 버진 제도 정부」라고 쓰여 있는 문구를 배치하였다.

버뮤다 제도
Bermuda

나라꽃: 등심붓꽃
과명: 붓꽃과
영명: Blue—eyed Grass
꽃말: 기쁜 소식

기 제정일: 1910년 10월 4일

버뮤다섬은 영국 최고의 식민지로, 1609년 버지니아로 향하던 도중에 난파된 조지 소머즈경이 이끈 영국인에 의해 최초로 개척되었다.
기는 오른쪽에 휘장을 그린 영국 적색 선박기이다. 휘장에는 기의 방패형 문장이 그려져 있다. 문장은 조지 소머즈경의 범선 「시벤처호」가 난파되어 있는 광경을 그린 방패를 빨간색 사자가 안고 있는 도안이다.

- 위치: 서대서양(150여 개 작은 섬으로 구성)
- 면적: 54㎢
- 인구: 63,000명
- 수도: 해밀턴
- 통화 단위: 미국 달러
- 주요 언어: 영어, 포르투갈어
- 민 족: 흑인, 백인, 혼혈
- 주요 종교: 가톨릭
- 성립 · 독립 연월일: 1986. 10. 21.
- 1인당 GDP: 105,067달러

문장 제정일: 1910년 10월 4일

기의 오른쪽에 있는 휘장에 라틴어로 "Quo Fata Ferunt(우리의 운명은 어떻게 될 것인가)"라고 쓰여 있는 표어 리본을 배치하였다.

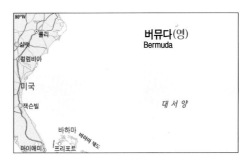

아루바
Aruba

아루바섬에 자라는 선인장

기 제정일: 1976년 3월 18일

1986년, 내정 자치권을 가진 단독 자치령으로 네덜란드령 앤틸리스에서 분리되었다. 파랑은 국제 연합 기의 색이며, 평화롭고 국제적인 나라를 희망하는 국민의 소망과 카리브해, 빨강은 아루바의 적토, 하양은 해안의 모래사장, 사각별은 네덜란드어, 에스파냐어, 영어, 파피아멘토어라는 주요 4개 언어를 나타낸다. 또한, 나침반과 유사한 별은 동서남북 다양한 곳에서 사람들이 도래한 사실과, 그 사람들의 단결과 강력함을 나타낸다. 노란색 가로 줄무늬는 태양과 광물자원을 나타낸다.

- 위치: 서인도 제도 남쪽 끝
- 면적: 180 ㎢
- 인구: 11.2만 명
- 수도: 오라네스타트
- 통화 단위: 파운드 스털링
- 주요 언어: 영어, 투발루어
- 민족: 흑인 원주민, 네덜란드인
- 주요 종교: 가톨릭
- 성립 · 독립 연월일: –
- 1인당 GDP: 25,976달러

문장 제정일: 1955년 11월 15일

신앙과 신뢰를 나타내는 십자에 의해 네 부분으로 나누어진 방패로, 속에는 번영을 나타내는 노란 알로에가 바다에 떠 있는 아루바섬과 호이베르흐산, 우정을 나타내는 악수하는 2명의 손, 수산업을 나타내는 조타륜, 윗부분에 힘과 관대함을 나타내는 빨간색 사자를 배치하였다. 월계수는 평화를 나타낸다.

아메리칸사모아
American Samoa

나라꽃: 일랑일랑
과명: 번려지과
영명: Ylang-Ylang

기 제정일: 1952년 7월 24일

1899년, 사모아 제도는 미국, 영국, 독일 3국 조약에 의해 사모아 제도 동부가 미국령이 되었다. 기의 파랑, 하양, 빨강은 미국 국기의 색이며, 오른쪽에 그려 넣은 아메리카 흰머리독수리는 미국에 의한 사모아 보호를 나타낸다.
독수리는 권위의 상징인 말총 등으로 만든 자루 달린 파리채와 사모아 수장의 권력의 상징인 전투용 곤봉을 움켜잡고 있다. 사모아의 전통적인 상징을 움켜잡고 있는 독수리는 미국인과 사모아인의 우정을 나타낸다.

- 위치: 남태평양 중부 사모아 동쪽
- 면적: 224 ㎢
- 인구: 5.1만 명
- 수도: 파고파고
- 통화 단위: 미국 달러
- 주요 언어: 폴리네시아어, 영어
- 민족: 폴리네시아인, 통가인, 백인
- 주요 종교: 크리스트교, 토속 신앙
- 성립 · 독립 연월일: 1975. 9. 16.
- 1인당 GDP: 11,200달러
- 국제 연합 가입 연월: 1975. 10.
- 대한민국과 국교 수교일: 1976. 05. 19.

국장 제정일: 1960년 10월 17일

인장형 문장으로, 가운데에 사모아의 전통적인 문양, 큰북, 기에도 사용된 사모아 수장이 사용하는 전투용 곤봉과 의전용 파리채, 바깥쪽 테두리 속에 미국령이 된 연월일인 1900년 4월 17일과 「미국령 사모아 인증」이라고 쓰여 있다. 아랫부분에 있는 표어는 사모아어로 「사모아는 모두 신을 우선시한다」라고 쓰여 있다.

영국령 버진 제도
British Virgin Islands

영국령 버진 제도의 수도 로드타운

기 제정일: 1960년 11월 15일

카리브해, 소앤틸리스 제도 북부에 위치하는 영국령 제도이며, 토르톨라섬을 중심 섬으로 하는 약 50개의 섬으로 구성되어 있다. 1666년에 영국령이 되고, 1956년 7월 1일까지는 영국령 리워드 제도의 일부로서 통치되고 있었는데, 그 해부터 별개의 해외 영토가 되었다. 곧 서쪽의 미국령 버진 제도와 경제적으로는 상호 의존의 관계에 놓이게 되었다. 기는 오른쪽에 문장을 그리고, 왼쪽 상단에 영국 국기를 넣은 영국 청색 선박기이다.

- 위치: 카리브해 대안틸리스 제도 동쪽 끝
- 면 적: 151 ㎢
- 인구: 2.8만 명
- 수도: 로드타운
- 통화 단위: 미국 달러
- 주요 언어: 영어
- 민족: 흑인, 백인
- 주요 종교: 크리스트교, 가톨릭
- 성립 · 독립 연월일: –
- 1인당 GDP: 48,486달러

문장 제정일: 1960년 11월 15일

5세기에 쾰른에서 로마인의 박해로 인해 11,000명의 크리스트교와 함께 죽임을 당한 순교자 성녀 우르슬라의 축일에 버진 제도가 발견된 유래를 나타내는, 흰 옷을 입고 금빛 촛대를 들고 있는 여자와 11개의 촛대가, 초록색 방패에 그려져 있다. 12개의 촛대는 주요 12개 섬을 나타낸다. 방패 아래에는 라틴어로 "Vigilate(신중해라)"라는 표어가 쓰여 있다.

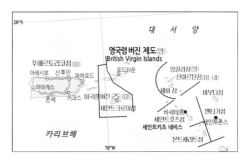

케이맨 제도
Cayman Islands

나라꽃: 야생 바나나난초
과명: 난초과
영명: Wild Banana Orchid

기 제정일: 1999년 1월 25일

카리브해 북서부, 자메이카의 북서쪽 320km에 위치하는 영국령 제도이다. 그랜드케이맨섬, 리틀케이맨섬, 케이맨브랙섬으로 구성되어 있다. 1670년에 영국령이 되고, 1962년까지 영국령 자메이카의 부속령이었는데, 자메이카의 독립에 따라 별개의 해외 식민지가 되었다. 기는 오른쪽에 주요 3개의 섬을 나타내는 3개의 오각 별 등으로 구성되는 문장을 크게 그리고 왼쪽 상단에 영국 국기를 넣은 영국 청색 선박기이다.

- 위치: 카리브해 서인도 제도 서부
- 면적: 264 ㎢
- 인구: 6.5만 명
- 수도: 조지타운
- 통화 단위: 케이맨 제도 달러
- 주요 언어: 영어, 에스파냐어
- 민족: 혼혈, 백인, 흑인
- 주요 종교: 가톨릭
- 1인당 GDP: 69,996달러

문장 제정일: 1958년 5월 14일

빨간색 바탕에 노란색 잉글랜드 사자, 바다를 나타내는 흰색과 파란색 물결선, 노란색으로 테두리를 두른 3개의 초록 오각 별, 방패 위에는 자메이카와의 과거의 관계를 나타내는 자메이카 특산 파인애플과 초록바다거북이 그려져 있다. 방패 밑에는 "He Hath Founded It Upon The Seas(바다 위에 세우셨도다)" 라는 영어 표어가 쓰여 있다.

타이완
Taiwan

기 제정일: 1928년 10월 8일
중국 국민당은 1895년에 흰 태양을 그린 파란색 기(청천백일기)를 당기로 채택했다. 이 기는 쑨원의 동지였던 루하오둥이 고안했다. 1928년에 왼쪽 상단에 이 기를 넣은 빨간 기를 중화민국 국기(청천백일만지홍기)로 채택했다. 빨강, 파랑, 하양은 쑨원이 제창한 삼민주의, 다시 말하면 민족의 독립, 민권의 신장, 민생의 안정을 나타낸다. 1949년 중국 공산당과의 내전에서 국민당이 패할 때까지 중국의 국기였다.

나라꽃: 매화
과명: 장미과
영명: Japanese Apricot
꽃말: 부귀, 성실

- 위 치: 동북아시아
- 면적: 3.6만 km²
- 인구: 2,360만 명
- 수도: 타이베이
- 통화 단위: 타이완 달러
- 주요 언어: 중국어, 타이완어
- 민족: 한족, 오스트로네시아어족계 원주민
- 주요 종교: 불교, 도교
- 성립 · 독립 연월일: 1945. 10. 25.
- 1인당 GDP: 24,828달러
- 국제 연합 가입 연월: -
- 대한민국과 국교 수교: 1949. 1. 4.
  (1992. 8. 24.단교)

문장 제정일: 1895년 3월 16일
파란색 바탕에 12가닥의 빛을 가지고 있는 흰 태양을 배치한 「청천백일」로 중국 국민당의 당 문장에서 유래한다. 12가닥의 빛은 1년의 12달과 12지, 12시간을 의미하며, 끊임없는 진보를 나타낸다. 올림픽 경기에서는 차이니즈 타이베이로 참가하며, 1984년부터 고유의 기를 사용한다.

터크스 케이커스 제도
Turks and Caicos Islands

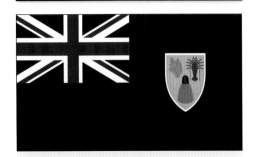

기 제정일: 1968년 11월 7일
1999년 1월 25일 수정
파란색 바탕에 왼쪽 상단에는 영국의 국기가 그려져 있으며, 오른쪽에는 터크스 케이커스 제도의 문장의 노란색 방패가 그려져 있는데, 방패 안에는 소라고둥과 바닷가재, 선인장이 그려져 있다. 상선기는 빨간색 바탕에 왼쪽 상단에 영국의 국기가 그려져 있으며, 오른쪽 하단에 방패가 그려진 형태의 기를 사용한다.

나라꽃: 멜로카크터스속의 선인장
과명: 기둥선인장과
영명: Turk's head cactus
꽃말: 부귀, 성실

- 위치: 바하마 남쪽 40 km에 위치
- 면적: 948 km²
- 인구: 3.8만 명
- 수도: 콕번타운
- 통화 단위: 미국 달러
- 주요 언어: 영어
- 민족: 아프리카계 흑인
- 주요 종교: 크리스트교, 가톨릭
- 성립 · 독립 연월일: 1975. 9. 16.
- 1인당 GDP: 27,259달러
- 국제 연합 가입 연월: -
- 대한민국과 국교 수교일:-

문장 제정 연도: 1965년
노란색 바탕의 방패 안에는 수산업을 나타내는 소라고둥과 바닷가재, 식물군을 나타내는 선인장이 그려져 있다.

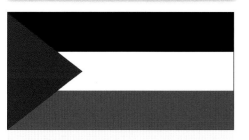

팔레스타인
Palestine

나라꽃: 팔레스타인 양귀비
과명: 양귀비과
영명: palestinian Poppy
꽃말: 위로

문장 제정 연도: 1996년

가슴에 기와 똑같은 디자인으로 범아랍색을 사용해 세로 방향으로 그린 방패를 안고 있는, 예루살렘을 십자군으로부터 탈환한 이슬람 영웅 살라딘의 독수리가, 아랫부분에 아랍어로 「팔레스타인 자치 정부」라고 쓰여 있는 흰 명판을 붙잡고 있다.

기 제정 연도: 2006년

팔레스타인은 1996년에, 요르단강 서안 지구와 가자 지구로 구성된 자치 정부로 발족하였으며, 외교와 국방을 제외한 입법권과 행정권을 가지고 있다. 1964년에 제정된 팔레스타인 해방 기구의 기를 기로 사용하고 있다. 바그다드의 아바스 왕조의 검정, 시리아의 우마이야 왕조의 하양, 북아프리카의 파티마 왕조의 초록, 요르단의 하삼 왕조의 빨강을 조합한 「범아랍기」이다. 검정은 어두운 과거, 하양과 초록은 이슬람교의 순수함과 전통, 빨강은 팔레스타인의 용기를 나타낸다.

- 위치: 아라비아 반도 북부, 지중해 동해안 일대
- 면적: 5,860 ㎢
- 인구: 520만 명
- 수도: 라말라
- 통화 단위: 이스라엘
- 주요 언어: 영어, 아랍어
- 민족: 팔레스타인인
- 주요 종교: 이슬람교, 크리스트교
- 성립 · 독립 연월일:
- 1인당 GDP: 740달러(2018)
- 국제 연합 가입 연월:–
- 대한민국과 국교 수교일: 2005. 6. 일반 대표부 관계 수립

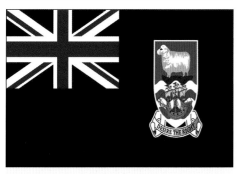

포클랜드 제도
Falkland Islands

나라꽃: 시클라멘
과명: 맹초과
영명: Cyprus cyclamen
꽃말: 질투

문장 제정일: 1948년 9월 29일

배는 'Desire(갈망)'를 나타내는데, 그 배를 타고 1592년에 영국의 항해가 데이비스가 포클랜드 제도를 발견했다. 모토인 'Desire the Right' 또한 그 배의 이름을 의미한다. 숫양은 목양업을 의미하는데, 목양업은 최근까지 이 섬의 주요 경제 활동이었으며, 터속그라스(tussock grass)는 가장 유명한 토속 식물임을 나타낸다.

기 제정 연도: 1948년 9월 29일
1999년 1월 25일 수정

파란색 바탕에 왼쪽 상단에는 영국의 국기가 그려져 있으며, 오른쪽에는 포클랜드 제도의 문장이 그려져 있다. 현재의 기는 1999년 1월 25일에 수정된 것으로, 문장의 크기를 확대함과 동시에 문장 바깥쪽에 그려져 있던 하얀색 원을 삭제한 형태의 디자인이다.

상선기는 빨간색 바탕에 왼쪽 상단에 영국의 국기가 그려져 있으며, 오른쪽에 포클랜드 제도의 문장이 그려진 형태의 기를 사용한다. 총독기는 영국의 국기 중앙에 포클랜드 제도의 문장이 그려진 형태의 기를 사용한다.

- 위치: 남아메리카 대륙 동남부 남대서양
- 면적: 12,172 ㎢
- 인구: 3,398 명(2016)
- 수도: 스탠리
- 통화 단위: 파운드
- 주요 언어: 영어
- 민족: 영국계 백인, 기타
- 주요 종교: 크리스트교(개신교)
- 성립 · 독립 연월일: 영국과 아르헨티나 간의 영토 분쟁 지역
- 1인당 GDP: 70,800달러(2015)

푸에르토리코
Puerto Rico

나라꽃: 프에르토리코 히비스커스(마가)
과명: 아욱과
영명: Maga Flower
꽃말: 신성함

기 제정일: 1952년 7월 24일

깃대 쪽에 흰 오각 별을 그려 넣은 파란 삼각형이 그려져 있으며, 빨간색과 흰색 두 가지 색으로 구성된 다섯 개의 가로 줄무늬 기이다. 에스파냐로부터의 독립을 목표로 함께 싸워 왔기 때문에 쿠바 국기와 유사하지만, 파랑과 빨강이 바뀐 형태이다. 또한 독립운동의 원조를 미국에게 요구했기 때문에, 미국 국기와 똑같이 3색이 사용되었다. 흰 별은 푸에르토리코, 파란 삼각형은 정부의 입법부, 사법부, 행정부를 나타낸다. 3개의 빨간색 줄무늬는 이 3부를 활성화시키는 국민의 피, 2개의 흰 줄무늬는 인권과 개인의 자유를 나타낸다.

- 위치: 서인도 제도의 대앤틸리스 제도
- 면적: 9,104㎢
- 인구: 320만 명
- 수도: 산후안
- 통화 단위: 미국 달러
- 주요 언어: 에스파냐어, 영어
- 민족: 백인, 흑인, 혼혈인
- 주요 종교: 크리스트교
- 성립 · 독립 연월일: 1975. 9. 16.
- 1인당 GDP: 31,538달러

문장 제정일: 1952년 8월 8일

중앙에 성서에 나오는 적십자의 흰색 기를 들고 있는 산후안 · 뱁티스트파를 나타내는 양, 주의를 에스파냐를 나타내는 성과 사자, 예루살렘 십자로 장식하고, 윗부분에 왕관, 아랫부분에는 "Joannes Est Nomen Eius(그 이름은 후안)"라고 라틴어로 쓰여 있는 표어 리본을 배치하였다. 후안은 산후안 · 뱁티스트의 시조이다.

홍콩
Hong Kong

나라꽃: 바우히니아
과명: 콩과
영명: Hong Kong Orchid Tree
꽃말: 더불어 함께

기 사용 개시일: 1997년 7월 1일

오랫동안 영국의 식민지였지만, 1997년 7월에 중화 인민 공화국에 반환되어, 외교와 방위를 제외한 자치권을 가진 특별 행정 구역이 되었다. 중앙에 홍콩의 대표적인 꽃인 흰 바우히니아의 꽃잎에 5개의 오각 별을 배치한 빨간색 기이다. 빨간색과 5개의 오각 별은 중화 인민 공화국 국기에도 사용되고 있으며, 일체감을 나타내는 것이다. 1990년 2월 6일에 기로 채택되고, 최초 게양은 반환일인 1997년 7월 1일이었다.

- 위치: 중국의 동남단 해안
- 면적: 1,108 ㎢
- 인구: 760만 명
- 수도: 도시 국가
- 통화 단위: 홍콩 달러
- 주요 언어: 영어, 광둥어, 북경어
- 민족: 중국인, 인도네시아인, 필리핀인
- 주요 종교: 토속 신앙, 크리스트교
- 성립 · 독립 연월일: 1997. 7. 01. 중국에 귀속
- 1인당 GNP: 49,334달러
- 국제 연합 가입 연월: 1975. 10.
- 대한민국과 국교 수교일: 1976. 05. 19.

문장 사용 개시일: 1997년 7월 1일

인장형 문장으로, 중앙에 5개의 오각 별을 배치한 바우히니아 꽃잎과, 둘레에 중화 인민 공화국 홍콩 특별 행정구가 중국어로, HONG KONG이 영어로 쓰여 있다.

국제 연합
United Nations

기 제정일: 1947년 10월 20일

1945년, 51개국으로 발족한 국제 연합은 서서히 가맹국이 늘어, 현재는 193개국에 이른다. 국제 연합 기는 1947년 10월 20일 제2차 국제 연합 총회에서 제정되었는데, 북극점에서 본 세계 지도와 그것을 에워싸는 올리브 가지를 하얗게 그린 밝은 파란색 기로 국제 연합이 목표로 하는 세계 평화의 추진을 나타낸다. 국제 연합 기는 모든 국기에 대해 항상 상위로 취급된다.

국제 올림픽 위원회
International Olympic Committee

기 사용 개시 연도: 1920년

오륜기는 1913년에 근대 올림픽 대회의 창시자인 쿠베르탱에 의해 고안되어, 1920년 제7회 앤트워프 대회에서 최초로 게양되었다. 중앙에 파랑, 노랑, 검정, 초록, 빨강의 고리, 다섯 개를 서로 겹쳐 놓은 흰색 기로, 하양은 평화, 오륜은 우정과 세계의 5대륙을 나타내고 있지만, 어떤 색의 고리가 어떤 대륙을 나타내는지 특정되어 있지는 않다. 약칭은 IOC이다.

국제 적십자
International Red Cross

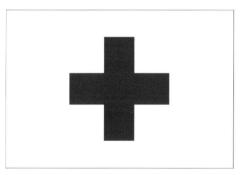

기 제정 연도: 1864년

국제 적십자는 1863년 제네바 조약에 의해 탄생한 조직으로, 전쟁·분쟁 희생자의 구호, 재해 피해자의 구호와 의료 활동 등이 행해지고 있다. 적십자의 표장은 창설자 앙리 뒤낭의 모국 스위스에 경의를 표해, 스위스 국기의 색을 반전시킨 것이다. 이슬람 국가에서는, 크리스트교를 나타내는 십자 대신에 적신월(붉은 초승달)을 그린 표장을 사용하고 있다.

유럽 연합
European Union

기 제정 연도: 1986년

1967년에 6개국으로 발족한 유럽 공동체(EC)는 1993년에 정치적 통합을 강화한 유럽 연합(EU)으로 발전했다. EU기의 파랑은 유럽의 하늘, 12개의 오각 별은 가맹국의 수에 관계없이 고정되어 있으며, 12라는 숫자는 「완벽함」과 「통일」을 의미한다. 균등하게 배열된 별이 그리는 원은 유럽 시민의 단결과 조화를 나타낸다.

국명·지역명

세계의 **국기와 국장 국화**

1판 1쇄 인쇄 | 2020년 6월 30일

엮은이 | (주)교학사 지도연구소
펴낸이 | 양진오
펴낸곳 | (주)교학사
편집 | 박규서
표지 디자인 | (주)교학사 디자인센터

출판 등록 | 1962년 6월 26일 (제18-7호)
주소 | 서울특별시 마포대로 14길 4 (공덕동)
전화 | 편집부 02)707-5250, 영업부 02)707-5147
팩스 | 편집부 02)365-1310, 영업부 02)707-5160
홈페이지 | http://www.kyohak.co.kr

값 20,000원
 SBN 978-89-09-54334-7 63900